succulent plants, air plants
moss, orchid

terrariums

多肉植物、エアプランツ、
苔、蘭でつくる

はじめての
テラリウム

「ブリキのジョーロ」
勝地末子

X-Knowledge

透明なガラスに囲まれた、植物たちの小さな世界

テラリウムは、19世紀ロンドンで生まれ、
植物の栽培や動物の飼育にも使われてきました。
箱の中で形成された自然環境は、遠くへの運搬を可能にし、
生活の中で大事な役目を果たしてきたと思います。

私がお店をはじめた頃も、テラリウムは小さなブームとしてありました。
最近は、テラリウム用の器や雑貨がたくさん出回り、
よりテラリウムを身近に楽しむことができるようになっています。
また、単に植物だけをアレンジするのではなく、
既成にとらわれない器選びや、流木やコルク、ドライパーツといった
素材と組み合わせて、オリジナリティあふれる楽しみ方が広がっています。

この本を作成するにあたり、はじめて苔と蘭を取り入れました。
蘭の多肉質の根やバルブには、多肉植物に通じるものがあり魅力的です。
苔は、清里の山へ行った時の風景をテラリウムの中に落とし込みました。
苔の神秘や力強さを感じていただけたらうれしいです。

テラリウムは、ちょっとしたコツを知れば誰でも簡単につくれます。
専用の器だけではなく、保存瓶やキャンドルホルダーなど、
身近な容器ではじめられるのもいいところ。
ガラス越しで見る砂漠のような世界や、ジャングルのような世界は、
小さいながらも、植物たちが環境に適応していく生命力にあふれています。
この本をきっかけに、テラリウムや植物の面白さを感じていただけたら
幸いです。

「ブリキのジョーロ」オーナー　勝地末子

contents

撮影：宮濱祐美子、良知慎也　執筆：黒澤彩、みよしみか　デザイン：高橋良　編集：別府美絹（xknowledge）　撮影協力：ACME

ulent plants

[多肉植物]

chapter　　　1
_____

水やりのサイクルが長く、
成長のスピードもゆっくりな多肉は
テラリウムに向いています。
さまざまな形や質感のものを
寄せ植えにするのも楽しみのうち。
ほかの素材との組み合わせを工夫して
自然の景色のような世界をつくります。

レース越しの光に映える
淡いグリーンの多肉

ぐるりとどこから見てもかわいい
吊るすタイプのテラリウム。
窓側に吊るすときには直射日光を避けて
レースのカーテン越しに。

A クーペリー B 春萌（ハルモエ）C ブルーバード D アクアソイル E バークチップ
器：ドロップ型のテラリウム容器（φ170mm×H170mm）

① 器の底に根腐れ防止剤とバークチップを敷く。底から見てもきれいなように、底には土ではなくチップがおすすめ。

② 土を少量入れ、ポットから取り出して土を落とした 春萌をピンセットを使って奥のほうに植える。

── *point* ──

器の口が狭いので、メンテナンスがしやすいように植える多肉の種類は少なめにして、あまり複雑な造りにならないようにします。

③ 春萌の手前にブルーバードとクーペリーを植える。

④ 最後にスプーンなどを使って、アクアソイルを隙間に入れる。

no. 02 [多肉植物]

雑貨のように飾る
小さなガラスドーム

カットした多肉の根が出る前や
根が短いうちは、 こんな飾り方も。
気分によっていろいろな植物を入れ替えて
雑貨のような感覚で遊べます。

A 紫麗殿（シレイデン）B バリダプリンス C シュロの皮 D 水
苔 E 朧月（オボロヅキ）
器：ガラスドーム（W410mm×D140mm×H200mm）

① 紫麗殿をポットから取り出し、根に
付いている土を軽くはらい落として
から水苔で根を包む。

② 水苔が隠れるように、上からシュロ
の皮をぐるりと巻く。ほかの多肉も
同様に、シュロの皮を巻く。

③ シュロの皮を4カ所ほどホッチキス
で留めて固定する。このとき、多
肉の根をホッチキスの針で傷つけ
ないように注意する。

point

密閉感がある器なので、通
気性がよくなるように土ではな
く水苔とシュロの皮を使って
います。カットした多肉から根
が出てきたら、植え替えます。

no. 03 [多肉植物]

サボテンが主役の
コンパクトな寄せ植え

小さめのシャーレの中に、
あまり縦に伸びないタイプの
サボテンたちを集めて。
コルクを岩に見立てて景色をつくります。

A フェルニア B 紫太陽（ムラサキタイヨウ）C ガマルグエンシ
ス D 紅小町（ベニコマチ）E コルク F ブレンド用土
器：シャーレ（φ110mm×H90mm）

① シャーレの底に根腐れ防止剤、ブレンド用土を敷いてコルクを配置する。

② いちばん大きなフェルニアをポットから出し、ピンセットと筆を使ってコルクの側に植える。

③ バランスを見ながら、ほかの小さい多肉（紫太陽、ガマルグエンシス、紅小町）も植える。植えたあとは筆で土をならす。

―― *point* ――

暑さに強く、夏場や冬の室内でも育てやすいのがサボテンのいいところ。1日1回は、シャーレの蓋を開けて換気します。

no. 04 [多肉植物]

絵画のように楽しむ
パラレルの組み合わせ

小さく薄いテラリウム容器を2つ並べて。
土の高さを変えたり、
横から見たときの土や石の配置を変えると、
遊び心たっぷりに仕上がります。

A 薄氷 (ハクヒョウ) B 霜の朝 (シモノアシタ) C 右・虹の玉、
左・ブロンズヒメ D ルベンス E ブレンド用土 F 軽石 G 高砂
の翁 綴化 (タカサゴノオキナ セッカ) H ヘアリー
器：薄型のテラリウム容器 (W120mm×D50mm×H120mm)

—— point ——

小さいテラリウムなので、
水やりは細いノズルなどを
使って根元にあげます。土
が跳ねて汚れないように気
をつけて水やりします。

① 一方の器に根腐れ防止剤を敷き、
軽石、ブレンド用土の順に入れ、
ピンセットを使って薄氷を右側に植
える。

② ヘアリーを草のようにアレンジし、
左側には高砂の翁 綴化を植える。

③ じょうごを使って隙間に土を入れる。
じょうごは、クリアケースを丸めた
ものを使用。

④ もう一方のテラリウムには、アイス
ランドモスを入れて高さのあるレイ
ヤーをつくり、最後に筆で土をなら
す。筆を使うと自然な仕上がりに。

no. 05 ［多肉植物］

身近な瓶で楽しむ
土のレイヤー

植物の姿だけではなく
土や砂のレイヤーをカラフルに楽しめるのも
ガラスのテラリウムならでは。
瓶の留め金で支えてフタを開けておきます。

A 軽石 B バークチップ C リプサリス カスッサ D 砂 E アイスランドモス
器：保存瓶（φ110mm × H250mm）

① 瓶の底に根腐れ防止剤を敷き、砂、軽石、アイスランドモス、バークチップの順に重ね入れる。

② ポットからリプサリスを取り出し、ピンセットを使って瓶に入れ、根と土の部分を隠すように周りにバークチップを足す。

no. 06 ［多肉植物］

逆さまに垂らす リプサリス

ヒヤシンスなどの水耕栽培用の
器を使って、逆さまのアレンジに。
球根花の季節が終わったら
こんな愉しみ方をしてみても。

A 水苔 B アイスランドモス C リプサリス ピロカルパ D テグス
器：水栽培用の花器（φ100㎜×H200㎜）

① リプサリスをポットから取り出し、
根を水苔で巻く。

② 水苔の上からアイスランドモスを巻
きつけて被い、テグスで巻いて留
める。

③ リプサリスが傷つかないように紙を
巻いて、球根を受ける部分の穴に
通す。紙を外して器に入れる。水や
りは、モスの部分を直接水に浸ける。

no. 07 ［多肉植物］

コーヒーポットの
シンプル・テラリウム

キッチンにある身近な器も
テラリウムに使うことができます。
コーヒーを淹れるポットなら
ダイニングテーブルや
キッチンの棚に飾るのにぴったり。

A右・福来玉、左・招福玉 Bオフタルモフィル Cくん炭
Dブレンド用土（くん炭をやや多めにブレンド）
器：コーヒーポット（φ110㎜×H200㎜）

① コーヒーポットの底に根腐れ防止剤とくん炭を敷く。

② ブレンド用土を入れて、多肉を植える。オフタルモフィルはバラバラになりやすいので、ていねいに挿し込むように。

③ 多肉に土がかからないよう、じょうごを使って隙間にブレンド用土を入れる。

—— point ——

福来玉、招福玉、オフタルモフィルは冬型種の多肉なので、水やりは控えめにし、季節によって頻度を変えます。夏は2週間おき、冬は5日おきが目安。

succulent plants

no. 08 ［多肉植物］

ハオルチアでまとめた 横長のテラリウム

多肉植物のなかでも透明感がある
ハオルチア属6種を組み合わせて。
枝の曲線に添わせるように
植物を配置します。

A 枝 B ハオルチア CV C 祝宴（シュクエン） D ピリフェラ錦 E ブレンド用土 F 夢殿（ユメドノ） G 玉扇（ギョクセン） H クーペリー
器：テラリウム用のケース（W460mm× D150mm× H150mm）

① 枝をケースに入れる。枝は真っすぐなものより曲がっているものを選ぶ。

② 根腐れ防止剤、ブレンド用土を敷いて、ピリフェラ錦を中央よりやや右寄りに植える。

③ 配置を考えながら、ほかの多肉も植える。ハオルチア CV はピリフェラ錦の近くに植えるとバランスがとりやすい。

④ すべて植えたら、根がしっかりと埋まるように隙間にブレンド用土を足していく。

point

ハオルチアは、ほかの多肉よりも水をやや多めにあげたい種類。5日に1度くらいの頻度を目安に。植えた直後にも水やりをします。

no. 09 ［多肉植物］

縦に伸びていく
多肉の姿を楽しむ

土を使わず水苔とコルクだけでつくれる
シンプルなテラリウム。
土を使わずにつくれるので、
置き場所を選ばないのもいいところ。

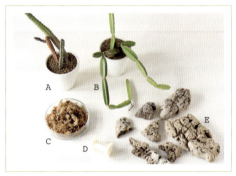

A 鉄錫杖（テツシャクジョウ）B 翡翠閣（ヒスイカク）C 水苔
D テグス E コルク
器：フラワーベース（φ140mm×H300mm）

① ポットから翡翠閣を取り出し、水苔
で根の部分を包む。コルクで挟ん
でテグスで巻き留める。

② 根が直接ガラスに触れないようフラ
ワーベースの底に小さなコルクを敷
き、大きなコルクも入れてアレンジ
する。

③ 鉄錫杖も同様にコルクを付ける。
コルクの空いたところに多肉をバラ
ンスよく入れていく。

no. 10 [多肉植物]

ダイナミックさを生かす
シンプルな植え込み

主役の多肉を強調したタイプ。
真ん中ではなくどちらかに寄せて植え、
アンバランスさを出して。
ローテーブルや床にも置きやすい器です。

A ブレンド用土　B アルゲンティオ　C カンテ
器：フラワーベース（φ 250mm × H230mm）

① 器の底に根腐れ防止剤とブレンド
用土を敷く。カンテをポットから出
し、器の中心よりもやや外側に寄
せて植える。

② アルゲンティオをカンテのまわりに
あしらうように植える。水やりは、
葉に直接水がかからないようにノ
ズルなどで根元にあげる。

point

カンテの葉の表面にある白
い粉は、水をかけたり、手
で触ったりするとはがれてし
まうので注意します。

傾けた器を使って
砂浜のような景色を再現

本来は縦に置いて使うカバーグラスを
斜めに傾けたテラリウムです。
シャーレのフタにシュロの皮を
巻いたものを台座にして安定させています。

A月花美人（ゲッカビジン）Bシャビアナ Cヘアリー D白銀
の舞（ハクギンノマイ）Eレズリー Fサンライズマム Gブレン
ド用土 H砂
器：カバーグラス（φ140mm×H150mm）

① はじめに器を傾ける角度を決めて
安定させ、根腐れ防止剤と土を平
になるように敷く。台座には、ロー
プを巻いたものなどを使用しても。

② メインとなる月花美人をポットから
出し、ピンセットを使って中心部分
に植える。

③ シャビアナ、ヘアリー、白銀の舞、
レズリー、サンライズマムを奥のほ
うから配置し、植え込む。最後に
砂を入れて整える。

point

器を斜めに使うときは、土
の入れ方にも気を遣います。
地面に対して水平になって
いるか確かめながら、多肉
を植えていきましょう。

no. 12 ［多肉植物］

いろいろな角度から眺める
斜め置きのサイコロ型

斜めに傾いているようにみえる
容器は存在感抜群。
ボリューム感のバランスを大切に
奥行きのあるテラリウムをつくります。

A 白檀（ビャクダン）B 若緑（ワカミドリ）C ロンボピローサ D
ラウシー E 富士砂 F ブレンド用土 G クワの枝
器：立方体のテラリウム容器（W150㎜ × D150㎜ ×
H150㎜）

① 根腐れ防止剤、ブレンド用土に富
士砂を1割程度混ぜたもの（粒子
が粗く、水はけがよくなる）を器の
底に敷く。

② はじめにボリュームと高さのある白
檀をポットから取り出し、手前（下
のほう）に植え、その上側にラウシ
ーを植える。

③ クワの枝を配置し、ラウシーの横に
ロンボピローサを植える。

④ 若緑は株分けして2カ所に植える。
最後に、じょうごを使って富士砂を
表面に敷く。

— point —

斜めの器に植えるときは、
土が平らになるようていねい
に入れます。また、手前（下
のほう）にボリュームのある
植物を置くとバランスよく見
えます。

サボテンと砂で仕立てる
モノトーンの雪景色

刺座（トゲの根元）の綿毛が
雪のような「残雪の峰」をメインに。
シックなモノトーンの色味のサボテンには
乾いたイメージの砂がよく似合います。

A 般若（ハンニャ）B 白樺麒麟（シラカバキリン）C 残雪の峰
（ザンセツノミネ）D 砂
器：ハウス型のテラリウム用ケース（W210㎜×D130㎜×
H220㎜）

① ケースの底に根腐れ防止剤と砂を敷さ、ポットから出した残雪の峰を少し斜めにバランスをみて植える。

② ピンセットを使い、中心のあたりに般若、その横に白樺麒麟を植える。

③ サボテンにかかった砂を筆ではらい落とし、最後に筆で砂に自然な高低差やカーブをつける。

—— *point* ——

水はけのいい砂はテラリウムに適していますが、養分が不足しがちなので、ときどき液肥を薄めたもので肥料を補っても。

29

ガラスドームのなかの
小さな盆栽

軽石でできた盆栽用の器を使い、
器ごとガラスドームのなかに入れました。
植物1種類でも、器の質感との組み合わせで
多彩な愉しみ方ができます。

A ブレンド用土　B 玄海岩蓮華（ゲンカイイワレンゲ）C サン
ゴ　D 盆栽用の軽石
器：ウッドベースとガラスドームの組み合わせ（φ200mm×
H250mm）

① 器状になっている盆栽用の軽石に、ブレンド用土を入れ、ポットから取り出した玄海岩蓮華を植える。

② 玄海岩蓮華のランナー（飛び出している茎や葉）をピンセットの先で整えて器に収める。

③ ガラスベースにサンゴを敷き、その上に玄海岩蓮華を軽石ごと置く。最後にウッドベースと組み合わせて完成。

point

とても水はけのいい軽石を
器にしているので、これに
限っては根腐れ防止剤を敷
かなくても構いません。

長さ違いのクリスパムで
遊ぶアレンジ

ナチュラルな雰囲気の白木の器に
石や珊瑚の質感を添えて。
クリスパムの高低差も楽しみながら、
器に余白を大きくつくると大人っぽいアレンジに。

A ミグイルティヌス B 長刺武蔵野（ナガトゲムサシノ）C クリ
スパム D 石 E ブレンド用土 F サンゴ
器：白木とガラスのテラリウム容器（φ190mm×H270mm）

① 器の底に根腐れ防止剤、ブレンド
用土を敷いて、中心より外側に寄
せて石を置く。

② クリスパム3本をそれぞれポットか
ら出し、バランスを見ながら器に対
し、三角形になるように配置し、
植える。

③ ミグイルティヌスと長刺武蔵野を石
の手前に植え、最後に土の上から
リンゴを敷く。

point

同じ種類の多肉をサイズ違
いで数本植えるときには、
サイズの大きなもの、高さ
のあるものから順に植えると
バランスがとりやすいです。

センベルビウム
4種の寄せ植え

夏に休眠し秋冬に育つ、
冬型種のもの同士を寄せ植えに。
上から眺めても美しいよう、
流木とのバランスを見ながらレイアウトします。

A流木　Bリパリー　Cグラウカムミラー　Dレッドチーフ　E巻絹（マキギヌ）Fブレンド用土　G石
器：キャニスター（φ190mm×H260mm）

① 流木の形をよく見て置く向きを決め、キャニスターの中心あたりに配置する。

② 器の底に根腐れ防止剤、少量のブレンド用土を敷き、石をバランスを見て配置する。

③ ピンセットを使い、流木と石の隙間に多肉を植え込む。

④ 土が多肉の上にかからないように、じょうごを使って残りのブレンド用土を入れる。1日に1度は蓋を開けて換気する。

point

冬型種の多肉植物は、夏型のものと手入れの仕方が違うため、冬型同士で植え込むようにします。多湿に弱いので水やりは控えめに。

air plants

[エアプランツ]

chapter 2

淡くスモーキーな色味で
インテリアに馴染みやすいエアプランツ。
まっすぐ伸びたり、くねくね曲がったりと
独特の形状がバラエティ豊かです。
とても軽く、空気感があるので
枝などに絡ませるように配すれば
立体的なテラリウムができあがります。

air plants

no. 17 ［エアプランツ］

プレーンな瓶を並べて
雑貨感覚で愉しむセット

キッチンでスパイスや穀物などを
保存する瓶を使ってカジュアルに。
中身を入れ替えたり、数を増やしたり。
コルクのフタもアクセントになります。

A．木の実 B ハリシー C 石 D フックシー E 小枝 F アイスランドモス
器：コルクのフタ付き瓶（φ80mm×H210mm）

① （写真左側の瓶）瓶の底に石と木の実を入れ、ピンセットを使って上にアイスランドモスを乗せる。

② 小枝を斜めに挿し入れる。

—— point ——

1日に1度は換気のためにフタをしばらく開けておくようにします。同じ瓶に植物以外のものを入れて一緒に並べてもかわいい。

③ ピンセットを使って小枝の足元にハリシーを置く。

④ フックシーを枝に引っ掛けるようにして上のほうに入れる。

no. 18 ［エアプランツ］

カットした多肉との
ミックススタイル

吊るしても置いても飾れる
キャンドルホルダーに
多肉とエアプランツを一緒に入れて。
蔓と絡ませて動きを出します。

A蔓（ヘデラベリー）Bアイスランドモス Cイオナンタ Dパールフォンテン ニュルンベルグ Eハリシー
器：キャンドルホルダー（φ100mm×H170mm）

① キャンドルホルダーの底にアイスランドモスを敷き、ヘデラベリーの蔓を、フタの穴に通して入れる。

② ピンセットを使って横からハリシーを入れ、イオナンタは蔓に絡ませる。最後に多肉のパールフォンテン ニュルンベルグを置く。

no. 19 ［エアプランツ］

緑がふわりと垂れる
吊るしたランプ飾り

使えなくなったランプの
ソケットに植物を巻き付けます。
ウスネオイデスのうねりのある
ラインが柔らかな印象。

A．バンデンシス B ワイヤー（細）C ワイヤー（太）D ウスネ
オイデス
器：古いランプ（φ150mm × H220mm）

① バンデンシス3本の根元を細いワイ
ヤーで括り、クランプ（株の集合体）
をつくる。

② ①のクランプをランプのソケット部
分にはめ込み、太いワイヤーで括
り付ける。

③ ②の括り付けた部分を覆うようにウ
スネオイデスをぐるりと巻き付ける。
ガラスシェードをかぶせる。水やり
は、ソケットに付けたままでOK。

　※プラグを電源につながないように注意。

キッチンにもぴったりの
清々しいグリーン

大ぶりなレモネードジャーの中に
エアプランツを立体的に入れて、
小さな植物園の完成。
キッチンやダイニングに飾って。

A ジュンシフォリア B 枝 C ファシクラータ D アイスランドモス E
流木チップ F フックシー G ストリクタ H ガルドネリー I ワイヤー
器：レモネードジャー（φ180mm×H310mm）

① レモネードジャーの底に流木チップ
とアイスランドモスを入れる。アイス
ランドモスのグリーンがランダムに
見えるように。

② ガルドネリーをワイヤーで枝の中央
あたりに括り付け、枝を立てかける
ようにジャーに入れる。

③ ジュンシフォリア、ストリクタ、フッ
クシー、ファシクラータとサイズの
大きなものから順にジャーに入れ
て、バランスよく配置する。

point

ガルドネリーのように根元が
露出していない形状のエア
プランツは本来、置くよりも
空気中に吊るすほうが合っ
ています。

no. 21 ［エアプランツ］

ナチュラルに仕立てる
石付きのアレンジ

サンゴ石のくぼみに
動きのあるエアプランツを付けて
自然の景色のように仕上げます。
あえて凸凹の石を選んで。

A ジュンセア B ロリアセア C ウスネオイデス D 小枝 E 砂 F
ブルボーサ G ライヘンバッキー
器：ドーム型のテラリウム容器（φ180mm×H180mm）

① 受け皿に砂を敷き、大きめのサン
ゴ石を庭石のように見立てて置く。

② ライヘンバッキーの根をしっかり水
苔で包んで、水苔にグルー（ホット
ボンド）を付け、石のくぼみに接着
する。

③ 緑のあたりに小枝を置き、石のま
わりにジュンセア、ロリアセア、ウ
スネオイデス、ブルボーサをバラン
スよく配置する。

_____ point _____

全体のバランスをよく見せる
コツは、サイズ感が異なる
大小のエアプランツを組み
合わせること。表裏をつく
らず、どこから見てもいいよ
うに配置します。

バナナステムを使った
立体的なアレンジ

バナナステムとは、バナナの茎のドライ。
縦のラインを生かして
あえてビーカーから飛び出させて。
本来の植生の姿を再現しています。

A バナナステム B ブラキカウロス C アイスランドモス D ブッツ
イ クランプ E イオナンタ F セルーレア
器：ビーカー（φ180mm×H320mm）

① ガラス面に植物を直接置かないように　ビーカーの底にアイスランドモスを敷く。

② 長めのバナナステムの中心あたりに、ブッツイのクランプ（複数の株が集合体になったもの）をワイヤで括り付ける。

③ ②のバナナステムを含む4本を器に入れ、その足元にブラキカウロス、イオナンタ セルーレアを置いていく。

point

水やりは毎回取り出してスプレーし、完全に乾いてから器に戻します。バナナステムに付けたものは、外さずそのままスプレーを。

no. 23 ［エアプランツ］

無造作に置いて絵になる
ランプシェード

ランプシェードを斜めに置いて使います。
くねくねと伸びたエアプランツと
空気感のあるカリフラワールーツで
軽やかなイメージに。

A ウトリクラータ B ジュードベイレイ C メラノクラテル トリコロール D カリフラワールーツ
器：ランプシェード（W210mm × D210mm × H210mm）

① ランプシェードの置く向きを決めて、カリフラワールーツを底から手前のほうにかけて敷く。

② ピンセットを使い、ウトリクラータとメラノクラテル トリコロールを奥のほうに入れる。

③ ジュードベイレイを上に乗せるように入れる。葉先が少しシェードの口からはみ出してもいい。

④ ピンセットの先で、エアプランツをカリフラワールーツのあいだに安定させるように位置を調整する。

— point —

カリフラワールーツが手に入りにくい場合は、貝殻や白っぽい色味の小枝などを使っても。

no. 24 ［エアプランツ］

エアプランツを
海草に見立てて。
マテリアルとの組み合わせ

特徴的なフォルムのセルーレア1種に、
いろいろなマテリアルを合わせて。
海底をイメージした景色をつくります。

A セルーレア B 石 C 枝 D ドライキノコ E ドライスパニッシュモス
F 板
器：キーホルダー入れ（W280㎜×D80㎜×H180㎜）

① 器の背面に添って、板を立てて置く。
キーホルダー入れの金具の部分も
テラリウムの要素になるので、無理
に隠さない。

② 器の底のところどころにドライスパ
ニッシュモスを敷いて、石と枝をラ
ンダムに配置していく。

③ ピンセットを使い、セルーレア7本
を石の隙間1カ所に入れる。その
部分から生えて枝分かれ しているように見せる。

—— *point* ——

まっすぐで伸びやかなセルー
レアのラインを生かして
位置を決めます。1本ずつ
バラバラにせず、まとめて1
カ所に入れると自然です。

air plants

no. 25 ［ エアプランツ ］

庭石を思わせる土台に
ストレプトフィラ

大きめの石をランダムに重ねると
器のなかに隙間ができるので
風通しがよく、植物にもやさしい
テラリウムになります。

A ジュンセア B ライヘンバッキー C ストレプトフィラ D 石
器：フラワーベース（φ210mm×H170mm）

① フラワーベースに大きめの石を3個、
重ねるように入れる。石の代わり
に流木などを立体的に組んでも同
じように通気がよくなる。

② ライヘンバッキーとストレプトフィラを
石のあいだに置く。どちらも横を向
くよう、斜めに配置するイメージで。

③ 最後にピンセットを使ってジュンセ
アを置く。ジュンセアの葉先は上
に飛び出してもいい。

no. 26 ［エアプランツ］

ドライフラワーを添えた
花束のテラリウム

ドライフラワーを合わせると
花の色が際立って
まるでブーケのような見栄えに。
贈り物にも喜ばれそうです。

A サラセニア B プロテア C イオナンタ花付き D フンキアーナ
E ヤツデの実
器：縦長のテラリウム容器（φ140mm×H300mm）

① 縦長のテラリウム容器を横に寝か
せて使う。はじめに、いちばん大
きなプロテアを入れる。

② ピンセットを使い、ヤツデの実、サ
ラセニアをプロテアに重ねるように
置く。

③ 足元にフンキアーナを入れ、上の
ほうにイオナンタの花付きを置く。

moss

[苔]

chapter 3

陽あたりの良すぎる場所よりも

明るめの日陰くらいのところを

気に入ってくれる苔は、

室内の好きなところに飾りやすく

どの季節にも目を楽しませてくれます。

たっぷり潤いを与えて、

ガラスの中に水滴が広がる様子も美しいのです。

no. 27 ［苔］

苔の魅力をシンプルに
楽しむ丸い苔玉

一見むずかしそうな苔玉つくりも、
丸めた土を包んでいくだけ。
意外と簡単にできます。
愛嬌のある、まん丸の表情を
存分に楽しんで。

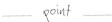

point

アクアソイルは質のいい土
で、苔玉つくりにも適してい
ます。器のフタはときどき開
けて空気の入れ替えをしま
しょう。

A アクアソイル **B** ホソウリゴケ **C** テグス
器：キャニスター（φ90mm×H170mm）

① ボウルなどに入れたアクアソイルを
水で湿らせて練り、手でボール状
に丸めてベースをつくる。

② ①にホソウリゴケをまんべんなく貼
り付けるようにして、全体を包む。

③ 包んだ上からテグスで巻き留めて
苔玉を完成させる。

④ キャニスターの底に根腐れ防止剤
とアクアソイルを入れ、苔玉を置く。

no. 28 ［苔］

横から眺めたい
マテリアルのレイヤー

瓶を横に倒して使うのもいいアイデア。
サイドから見ても美しく、
かつ水はけのいいレイヤーに。
穴から覗きこむ楽しみも。

A ジャゴケ B アイリッシュモス C バークチップ D 杉皮 E アオ
ギヌゴケ F 鹿沼土
器：保存瓶（W130㎜×D130㎜×H180㎜）

① 瓶を横に倒し、根腐れ防止剤、鹿
沼土を敷き、ピンセットを使ってア
イスランドモスを敷く。

② バークチップ、杉皮の順に、器の
半分くらいの高さまで重ねて、レイ
ヤーをつくる。

③ ジャゴケをピンセットで奥のほうか
ら入れる。

④ ジャゴケのまわりや瓶の手前にアオ
ギヌゴケを置いていく。

⑤ 葉の形状が違う2種の苔を混ぜた
ことで表情豊かに。スプレーして
水滴が広がる様子も楽しめる。

point

杉皮は山の環境にあるも
のなので、苔との相性が
いいベース素材。適度に
湿り気を保ってくれる効果
もあります。

MOSS

no. 29 ［苔］

そっと覗き込みたくなる
ミニチュア世界

お店でも人気がある
吊るすタイプの小さなハンキングベースに
仕立てたテラリウム。
出窓や玄関など、
小さなスペースで飾って楽しんで。

A 杉皮 B ハエトリソウ C シッポゴケ
器：ハンギングベース（φ120㎜×H120㎜）

—— *point* ——

直射日光が当たるような窓際には吊るさず、明るめの日陰に。いくつか並べて飾ってもかわいい。

① ハンキングベースの底に根腐れ防止剤と杉皮を敷き、ハエトリソウをポットから出し、余分な土を落としてからピンセットを使って植える。

② シッポゴケを奥のほうから敷き、最後にピンセットの先で軽く押さえてならす。

no. 30 [苔]

クロマツの苔玉で
盆栽風テラリウム

盆栽でおなじみのクロマツの根元を
苔玉に仕立てて。
ガラスを通して見る凛とした
和のテイストが新鮮です。

A 杉皮 B 黒松（クロマツ）C ハイゴケ D 石
器：縦長ドーム型のテラリウム容器（φ140㎜×H260㎜）

① 黒松をポットから取り出し、土を軽くはらい落とす。黒松の根を杉皮で巻いて根を保護する。

② ①の上からハイゴケで全体を丸く包む。

③ 黒い糸でハイゴケを巻き留めてかたちを整え、石を敷いた受け皿に置く。

—— point ——

苔玉はとても乾きやすいので、季節にもよりますが、2日に1回程度、水の中に浸けて、しっかり水を吸わせる方法もよいでしょう。

no. 31 ［苔］

伸びていく姿を見守る
ヒノキゴケ

ヒノキゴケが伸びることを想定して
縦にゆとりのあるフラスコに。
コルクのフタの代わりに、
木片を使うと自然なアクセントになります。

A アクアソイル B 石 C ヒノキゴケ D マメヅタ
器：三角フラスコ（φ170mm × H280mm）

① フラスコの底に根腐れ防止剤を敷き、アクアソイルを入れる。

② ピンセットを使って、石を中心あたりの2カ所に配置する。

—— point ——

途中でヒノキゴケの葉が黄色くなることもあるので、色が変わりかけていたら葉先の剪定をしてあげましょう。

③ 石の手前にマメヅタを植え、根が定着するように軽く押さえる。

④ ヒノキゴケをマメヅタと反対側の奥に置き、しっかりと根元を植え込む。

no. 32 ［苔］

生命の息吹を感じさせる
小さなジャングル

苔と高低差のあるシダ類を
いくつか合わせて野趣あふれる
ジャングルのような雰囲気に。
生き物が棲んでいそうな世界観です。

A ダバリア ラビットフット B イワダレシチヘンゲ C クラマゴケ
D アクアソイル E タマゴケ
器：ハウス型のテラリウム容器（W320㎜×D220㎜×
H420㎜）

① 器の底に根腐れ防止剤とアクアソ
イルを敷く。

② ダバリア ラビットフットをポットから
出し、土付きのまま植え込む。

point

自然の環境をイメージしなが
ら、シダの足元に苔むす景
色をつくります。ダバリアを
中心に配置し、ほかの植物
は容器の縁に添って植える
と、自然な空間がつくれます。

③ イワダレシチヘンゲも同様にバラン
スよく植え込み、クラマゴケをダバ
リア ラビットフットの近くに置く。

④ 植えたもののあいだを埋めるように、
タマゴケを敷いていく。たまにフタ
を開けて、換気させます。

no. 33 ［苔］

質感の違いを愉しむ
ウツボカズラと苔

食虫植物のウツボカズラも
苔との相性がいいもののひとつ。
ガラスの中に、熱帯のような
湿度を感じさせる景色をつくります。

A アクアソイル B ハイゴケ C ウツボカズラ
器：ドロップ型のテラリウム容器（φ 130mm × H220mm）

① 器の底に根腐れ防止剤とアクアソ
イルを敷き、ポットから出したウツ
ボカズラを植える。

② スプーンなどでアクアソイルを足し、
根をしっかりと埋める。

③ ピンセットを使ってハイゴケを敷く。
ウツボカズラの葉が茶色くなったら、
葉の根元からカットする。

no.34 ［苔］

自然のなかで一緒にいた異種植物の共存

植わっているときに
年月を経てツメレンゲに付いた苔。
雑草も生えた自然の姿を
そのままに移し取りました。

A アクアソイル B センボンゴケ（ツメレンゲに付いたもの）
器：多面体のテラリウム容器（W160㎜×D160㎜×
H160㎜）

① 器の底に根腐れ防止剤とアクアソイルを敷く。

② ツメレンゲとセンボンゴケをポットから取り出し、かたまりのまま植える。

③ 根元を隠すように、植物に土がかからないように注意しながら、スプーンを使ってまわりにアクアソイルを足す。

no. 35 ［苔］

身近な瓶ものを使う
さり気ないテラリウム

細長いかたちの瓶を横に倒して、
二種の苔を面で楽しむアレンジです。
ガラステーブルの下などに置いて、
上から見て楽しんでも。

A スナゴケ B ヒトツバシダ C 鹿沼土 D ゼニゴケ
器：キャップ付きの瓶（W310mm×D140mm×H100mm）

① 瓶の底に根腐れ防止剤と鹿沼土を敷き、スナゴケが壊れないよう定規などに乗せて奥に差し入れる。

② 敷いた鹿沼土にくぼみをつくり、そこにポットから出したヒトツバシダをピンセットで植え込む。

③ ヒトツバシダの手前にゼニゴケを置く。水やりは、瓶口から奥に向けて全体に水滴が広がるようにスプレーする。

moss

no.36 ［苔］

キッチンに似合う
オイルボトルのアレンジ

株分けしたネフロレピスを
苔とともにオリーブオイルボトルに。
スリムなボトルなので
キッチンなどの小さなコーナーにも。

A ネフロレピス B 杉皮 C アオギヌゴケ
器：オリーブオイルボトル（φ100mm×H300mm）

① オイルボトルの底に根腐れ防止剤と杉皮を敷き、ポットから出して土をはらい落としたネフロレピスを、ピンセットを使って植える。

② ネフロレピスのまわりにアオギヌゴケを敷く。瓶口が小さいので、フタを開けておいても湿度を保てる。

no. 37 [苔]

アジアンタムと
苔生した枝の組み合わせ

苔が着生した枝が手に入ったら、
テラリウムに仕立てましょう。
観葉植物として人気のアジアンタムも
こんなふうに飾るとひと味違う雰囲気に。

A杉皮 Bヤマゴケ Cアジアンタム D枝（苔が着生しているもの）
器：アンティークのガラスボトル（W140mm×D100mm×H310mm）

① ボトルの底に根腐れ防止剤と杉皮を敷き、ポットから出して余分な土をはらい落としたアジアンタムを植える。

② ピンセットを使ってヤマゴケをこんもりと山型に入れる。

③ 苔が着生した枝を斜めに挿し入れる。

④ 枝は、ボトルにフタができる長さのものを選ぶ。

— point

口の広い瓶に苔のテラリウムをつくった場合、ボトルのフタは閉じておきます。水やりのときに換気し、全体にスプレーをします。

no. **38** 〔苔〕

サラセニアの縦ラインを
生かしたアレンジ

湿地帯の植物であるサラセニアも
苔と合わせるのに向いています。
縦長のラインを際立たせる器で
凛とした印象に。

A サラセニア B ホソバオキナゴケ C 鹿沼土
器：縦長のテラリウム容器（W130㎜×D130㎜×H300㎜）

① 器の底に根腐れ防止剤と鹿沼土を
敷く。

② ポットから出した土が付いたままの
サラセニアを、ピンセットを使って
植え、鹿沼土となじませる。

③ 奥のほうからホソバオキナゴケを置
いていき、全体にこんもりと敷きつ
める。

—— *point* ——

苔全般に共通することです
が、植えた直後にはたっぷ
り水やりを。苔は水を含み、
定着します。

no. 39 [苔]

和の器とサンゴ石を使った
日本の庭景色

焼きものの皿を合わせるだけで
テラリウムも和の印象になります。
サンゴ石もどことなく日本庭園のよう。
和室や板張りの廊下に飾っても。

A シノブ B サンゴ石 C 杉皮 D シノブゴケ E ヒツジゴケ F ヤマゴケ
器：陶器の皿とガラスドーム（φ 180㎜× H270㎜）

① 皿に、根腐れ防止剤と水で湿らせた杉皮を敷く。

② サンゴ石を置いて、スプレーで全体をまんべんなく湿らせる。

③ シノブをポットから出し、土を軽くはらい落として、手でふんわりと押さえるように石に付けて固定する。

④ シノブゴケ、ヒツジゴケにもスプレーし、③と同じように押さえながら石に固定する。ヤマゴケは石のまわりに敷く。

⑤ 小さなヒツジゴケは、ピンセットを使って石のくぼみに挿し込んでいく。最後に全体に水をスプレーする。ガラスドームをかぶせる。

point

石付のコツは、ごっごつした石を選ぶこと。表面もざらざらしたもののほうが苔を固定しやすく、自然に苔が着生したように見えます。

orchid

[蘭]

chapter　　4

蘭は、優美な花が注目されがちですが

肉厚な葉や、根っこのバルブの造形を生かすと

テラリウムらしい愉しみ方ができます。

植物のなかでも進化が遅かったと言われていて、

樹木に着生したり、いろいろな場所で

生き延びる術を身につけている植物なので

容器のなかでも元気に成長してくれます。

no. 40 ［蘭］

小さな蘭の可憐な姿を 引き立てる器使い

白い花のなかにピンクがちらっと見える
原種に近い小型の蘭が主役。
複雑に反射する光がきれいな
ドロップ型の器がよく似合います。

A バークチップ B ハイゴケ C デンドロビウム キンギアナム シ
ルコキー
器：ドロップ型のテラリウム容器（φ160㎜×H290㎜）

① 器の底に根腐れ防止剤を敷き、ポ
ットから出して土を軽く落としたデ
ンドロビウムを配置する。

② バークチップを敷き、根のまわりを
中心にこんもりと足して根元をしっ
かりと埋める。

③ ピンセットを使ってハイゴケを敷い
ていく。明るい室内で、直射日光
を避けたところに吊るす。

point

蘭のまわりに苔を敷いてい
るので、湿度をよく保てます。
水のやりすぎには注意し、
土が完全に乾いてから水や
りします。

orchid

no. 41 ［蘭］

このままギフトにできる
2色のパフィオ

くしゅくしゅとしたクラマゴケのなかに
蘭が生えている様子がかわいらしいアレンジ。
ワックスペーパーと麻ひもをかければ、
ギフトにもおすすめです。

A パフィオペディラム（グリーン）B パフィオペディラム（赤）
C クラマゴケ D ハイゴケ E 水苔 F バークチップ
器：キャニスター（φ200mm×H380mm）

① キャニスターの底に根腐れ防止剤とバークチップを敷く。

② パフィオペディラムをそれぞれポットから出して、軽く土をはらい落とし、水苔を根に巻いて植える。

③ クラマゴケをポットから出し、3つに株分けをする。

④ ③の根についた土を軽くはらい落として水苔を巻き、ピンセットを使ってパフィオペディラムのまわり3カ所に植える。

⑤ 隙間を埋めるようにハイゴケを敷いていく。空気穴を開けたワックスペーパーをかぶせてフタをする。

point

蘭のなかでもいろいろな特性のものがあります。パフィオは着生できるタイプではないので、地生させて楽しみます。

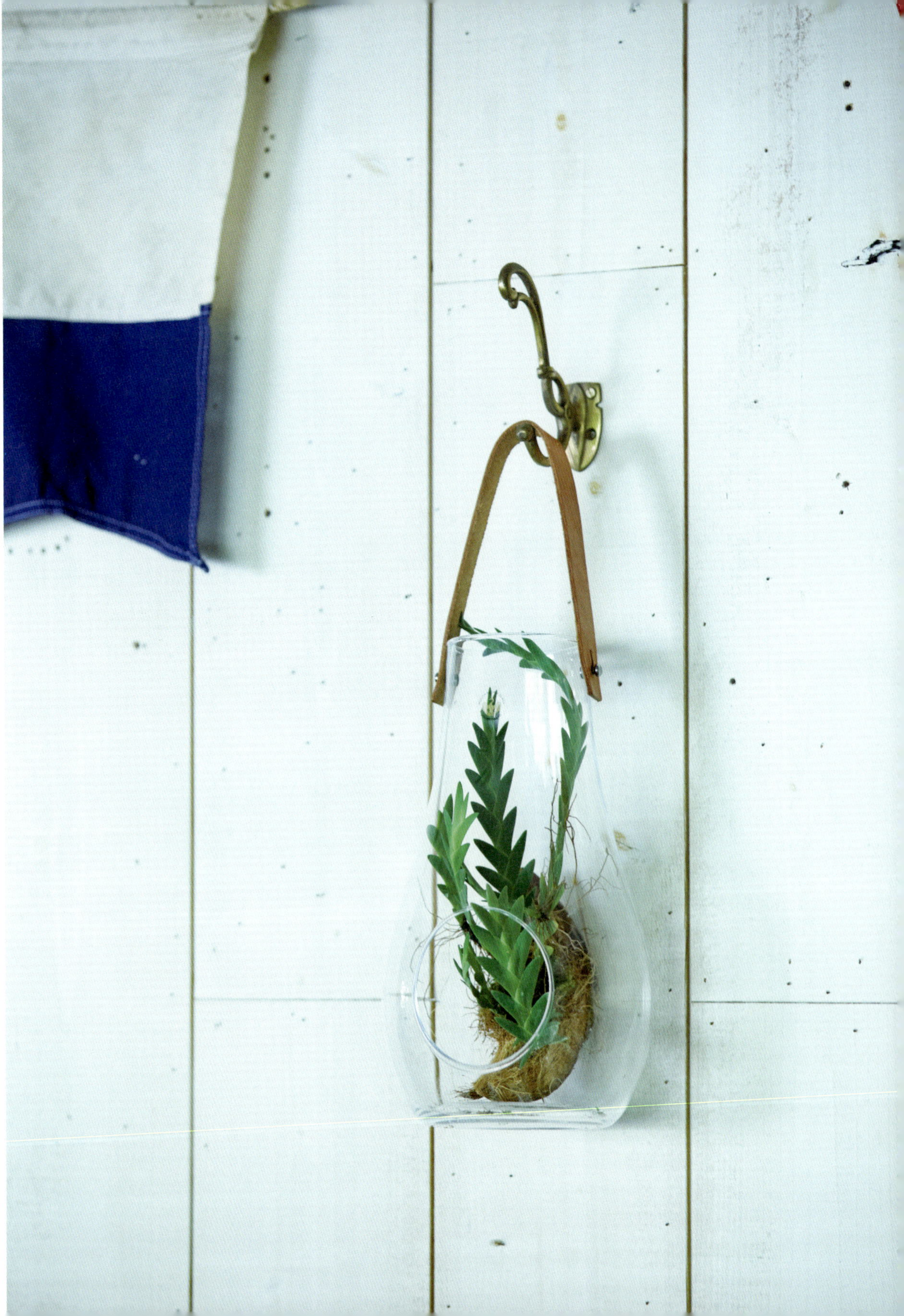

no. 42 ［蘭］

キャンドルホルダーで
愛でる個性的な蘭

多肉のような葉が人気の品種。
ヤシの実に根を付けてから
カジュアルなキャンドルホルダーで
吊るして飾ります。

A ヤシの実 B エリア・アポロイデス C 麻ひも D 水苔
器：キャンドルホルダー（φ150㎜×H290㎜）

① エリア・アポロイデスをポットから出して土をはらい落とし、根元に水苔を巻き付ける。

② ヤシの実を割ったものは、内側の繊維を手で引っ張って柔らかくほぐす。

③ 水苔を巻いたエリア・アポロイデスを、ヤシの実に麻ひもで巻いて括り付けてキャンドルホルダーに入れる。

point

水苔は、根の先ではなく付け根のところに多く巻き付けます。そうすることで、根の安定や保水の役割をしてくれます。

no. 43 [蘭]

吊るしたり、置いたり。
品種違いの蘭の組み合わせ

ひとつのテラリウムの中で
吊るすタイプと置くタイプ両方を育てます。
リビングなどに飾ってメインの
ディスプレイにしたいボリューム感。

A アングラエカム ディディエリ **B** デンドロキュラム **C** コルク
D 水苔 **E** ワイヤー **F** 麻ひも
器：ハウス型のテラリウム容器（W210㎜×D140㎜×
H250㎜）

① どれかひとつのコルクの上部に、キリで穴を2カ所あけてワイヤーを通す。

② ①のコルクの側面にも2カ所穴をあけ、アングラエカムを結びつけるための麻ひもを通しておく。

③ アングラエカム ディディエリをポットから出し、古い水苔を落とす。（変色している根は切る）

④ コルクに通しておいた麻ひもで③をコルクに括り付ける。

⑤ コルクに通しておいたワイヤーを器の上部に巻き付けて、④を下げる。デンドロキュラムも同様にコルクに付け、コルクを敷いた容器に置く。

point

デンドロキュラムは、ポットから出してきれいにした根を水苔で包み、コルクに巻き付けて着生させます。

orchid

no. 44 ［蘭］

ファレノプシスの根も楽しむ
シンプルなアレンジ

胡蝶蘭をカジュアルに
取り入れるなら、こんな方法も。
美しく仕立てられたものではなく、
半端に余った蘭で試してみては。

A ファレノプシス B 鉢底ネットを張った木枠 C 水苔 D 麻ひも
器：フラワーベース（φ180mm×H500mm）

① ファレノプレシスをポットから出し、根に付いている土（バークチップ）を落とす。

② 黒く変色してしまっている根は、この段階でカットしてきれいな根だけを残す。

③ 保水のために、根元に水苔をしっかり巻き付ける（自然に落ちてきたら取り除く）。

④ 鉢底ネットを張った木枠に③を麻ひもで巻き付けて固定する。フラワーベースに入れて飾る。

⑤ ネットは通気性がよく、根がよく絡む。成長するとネットの網目から根が伸びてくる。

point

水やりは、木枠ごと取り出して根にスプレーで水をかければいいので簡単。よく乾いてからガラス器に戻すようにします。

89

orchid

パスタ瓶を使って
手軽に楽しむアイデア

小さな3つの株をランダムに着生させて。
コルクの凹凸を生かして
どこから見ても蘭を楽しめるように
バランスよく仕立てるのがポイントです。

A 水苔 B デンドロビウム プラウドアピール C コルク
器：パスタ用のキャニスター（φ100㎜×H300㎜）

① コルクをグルー（ホットボンド）で2〜3個つなげて、細長い土台をつくる。

② デンドロビウム3株をポットから出して、水苔をたっぷりと多めに巻き付ける。

③ 水苔の部分を、タッカーでコルクに留め、キャニスターに入れる。タッカーを打つのは1株につき1〜2カ所。根を傷つけないように注意。

A 水苔 B ハイゴケ C マステバリア イグネア D 黒い糸
器：ショーケース（W170㎜×D170㎜×H420㎜）

no. 46 ［蘭］

書斎などにも飾りやすい
木枠のケース

妖精をイメージさせる別名「プリンセスの涙」と
呼ばれるマステバリア。
黒い木枠のケースで大人っぽく仕立てました。
アンティークと一緒に並べたり、書斎に置いても。

① マステバリアをポットから出して余
分な根の土をはらい落とし、根を
水苔で包む。

② ハイゴケを水で湿らせる。水苔で
包んだ根を、湿らせたハイゴケで
はり付けるようにして包み、上から
糸で巻き留める。ケースに入れる。

orchid

no. 47 ［蘭］

木の造形を生かした
プリミティブな景色

木の幹にヘデラベリーの蔓が
巻き付いたものを使って。
自然の造形をそのまま生かしたいので、
ダイナミックに飛び出させています。

A デンドロビウム エンジェルベイビー グリーン愛 B オンシジ
ウム スプレンジウム C 木片 D オンシジウム ミルトニア E ハ
イゴケ F 水苔 G 麻ひも H 苔が着生した枝
器：ショーケース（W240㎜×D240㎜×H470㎜）

—— *point* ——

同じ要領で木の上のほうに
もオンシジウム ミルトニアを
巻き付けます。オンシジウム
スプレンジウムを別の枝に同
じように付け、ショーケースに
並べて奥行き感を出します。

① デンドロビウム エンジェルベイビー
をポットから出し、根に付いた古
い水苔を取り除く。

② きれいにした根元を、新しい水苔
で包む。

③ ②の根元部分を麻ひもで木片の下
のほうに巻き付ける。

④ 紐を巻いた部分を隠すため、ハイ
ゴケを付ける。苔をあしらうと、蘭
が自然に生えているように見える。

succulent plants

[多肉植物]

air plants

[エアプランツ]

moss

[苔]

orchid

[蘭]

chapter　　5

テラリウムの基本と
植物図鑑

シンプルなステップでつくれて
どんなインテリアにも合わせやすく、
気軽に植物を暮らしに
取り入れられるのが
テラリウムのいいところ。
ベーシックなつくり方のポイント、
水やりなどのメンテナンスのやり方、
器や道具のこと、困ったときの
Q&Aを紹介します。
巻末には、
テラリウムに適した植物図鑑も。

美しいテラリウムをつくるポイント

器の中のすべての要素でつくり上げる
テラリウムは、いわば"小さな世界"。
ちょっとしたコツを押さえれば、
いろいろなアレンジを工夫して楽しめます。

point
— 1 —

ガラス容器なら
なんでもOK

透明なガラス容器のなかに植生をつくる。これが
テラリウムの基本中の基本です。本書ではテラリ
ウム用として販売されているさまざまな形の容器
も使っていますが、専用容器ではなくても、あら
ゆるガラスの器を使うことができます。
たとえば、切り花をいけるためのフラワーベース、
木枠が付いているショーケース、もっと身近なも
のでは、ランプシェード、キッチンにある瓶やポッ
トなども活用してみましょう。植物の特性によって、
ふだんはフタを閉めておくものと、なるべくフタを
開けて空気を入れ替えたいものとに分かれます。

point
— 2 —

サイドからの
土の層も見せどころ

土やベースに敷くマテリアルは、栽培用土として
の機能面だけではなく、その色や質感も楽しむテ
ラリウムの要素のひとつです。サイドからの見え
方を意識しながら土やチップ、白っぽい砂、グリー
ンのモスなどをきれいに重ね入れ、レイヤー（層）
をつくりましょう。また、置き場所によって選ぶ器
も変わります。床置きや低いところに飾るなら、
上から見て美しく、大ぶりなものを。棚や壁際に
置く場合は、横から眺めることになるので、薄型
の容器や高さのあるタイプでもOK。キッチンな
ど物の多いところに並べるなら、スリムでシンプ
ルなものが適しています。

蘭を植える用土に使った
アクアソイル。

苔を植えるベースには
湿らせた杉皮を。

point
－3－

配置のバランスは
オールラウンドで見せること

側面、上面はもちろん、吊るすタイプなら底面からも眺めることができるテラリウム。つくるときは、主にどの角度から見るかを頭に入れつつ、一方向だけではなくどこから見てもきれいなように仕立てます。そのためには、複数の植物やマテリアルを配置するときに一直線に並べず、前後左右に散らして奥行きを出します。また、器のなかに中心をつくらないように、メインの素材をやや端に外すなどしてわざとアンバランスに仕立てると、うまくいきます。つくりながら、器を回転させていろいろな方向からチェックしてみましょう。

point
－4－

用土を工夫して
水はけをよくする

テラリウムでは鉢穴のないガラス容器を使うため、水が流れ出ることがありません。水が溜まってしまわないように、保水性がありつつ、水はけのいい土を選ぶことが大切です。雑菌を抑えてくれるくん炭を多めにブレンドした用土や、水質を保つ効果の高いアクアソイルを使うほか、よくマルチング材として使われるバークチップに直接植えることもあります。表面に敷く砂も、美観だけではなく排水性、通気性のよさがテラリウムに適しています。いくつかの土壌改良剤を使うことで、それぞれの良さが出て効果的です。また、器の底には根腐れ防止剤を忘れなく。

赤玉土をベースに、数種をブレンド。くん炭をやや多めにするのがテラリウム用土の特徴。

マテリアルで
自生地を再現

用土のほかにも石、流木、小枝といったマテリア
ルを多用して、その質感と植物の組み合わせを
楽しめるのもテラリウムならでは。これは、普通
の植栽と比べて水やりのスパンが長いからできる
ことです。どんな素材を合わせてもいいのですが、
できるだけ自然な雰囲気に仕立てるためには、
その植物が自生している環境を思い浮かべて素
材を選びましょう。たとえば、乾いた土地に自生
するサボテンなら、砂をベースに、サンゴやコル
クなどを置いても似合います。エアプランツなら
ごつごつした石を使って石付けにすると、自然に
生えているような見せ方に。また、バナナステム
や動きのある枝など、マテリアル自体が存在感の
あるものも取り入れて楽しんでみましょう。

自然素材を取り入れる

A 流木：細かく枝分かれしていたり、くねくねと
曲がっていたり、複雑な造形のものがおすすめ
です。 **B バナナステム**：バナナの茎をドライにし
たもの。長く伸びるラインを生かします。 **C カリフ
ラワールーツ**：カリフラワーの根をドライにしたもの。
D ドライキノコ：森の中などに生えている様子を
イメージしてあしらいます。 **E コルク**：樹皮から
できているコルクも自然由来のマテリアル。 **F 流
木**：水はけもいいのでベースに敷いて使う場合
もあります。 **G ヤシの実**：実を割ったものに根を
着生させることができます。

植物のあいだにクワの枝を
入れ、アクセントに。

小さなサボテンの寄せ植え
に、岩に見立てたコルクを。

point
- 6 -

植物のさまざまな
組み合わせを楽しむ

テラリウムの中に数種の植物を寄せ植えにすると、ガラスの中に小さな自然世界をつくることができます。その際、気をつけたいのが、できるだけ同じような生育環境のもの同士を組み合わせること。苔ならば、その苔が自生している場所にある植物とそのまま一緒に植えれば、相性は間違いありません。やはり高湿な環境を好むシダ類などもテラリウムに向いています。また、同じ多肉でも色や形、質感の異なるものを合わせると表情豊かに。はじめはシンプルに植物単品とマテリアルの組み合わせを楽しんで、テラリウムつくりに慣れてきたら寄せ植えにも挑戦してみましょう。

身近な場所で生えている植物をよく観察すると、組み合わせのヒントになります。

苔と相性のよい植物

多湿な環境を好むシダ植物や食虫植物は、苔と一緒に育てやすいものの代表格。苔の保水力によって、容器の中を適度な湿度に保てます。 **A**ネフロレピス：シダの仲間で、深い切れ込みの葉をつける観葉植物。 **B**ヒトツバシダ：単葉タイプのシダ植物。 **C**シノブ：日本各地に生息するシダ植物。 **D**ハエトリソウ：ウツボカズラなどと同じ食虫植物。

point
― 8 ―

ガラスが
汚れないように注意

クリアなガラスの美しさを保つことはテラリウムの
大事なポイント。つくるときには、ガラスを汚さな
いように気をつけながら素材を入れます。土を
入れるときは、ぱらぱらと広がったり、先に植え
た植物にかからないように、じょうごなど口の細
いものを使って。横に長い容器に植物を入れる
ときは定規のようなものに乗せて、そっと差し入
れるようにします。仕上げには植物やガラスの内
側に土が付いていないかよくチェックして、細い
筆や刷毛でていねいに土をはらいます。水やり
のときもスプレーの勢いが強すぎると土が飛び
散ってしまうのでご注意を。

point
― 7 ―

植物の成長に
合わせて容器を選ぶ

テラリウムに仕立てたあと、植物が育って容器が
手狭になってしまうこともあり得ます。あらかじめ、
その植物がどんな成長をするかによって、余裕の
ある容器を選ぶといいでしょう。縦に長く伸びる
タイプの植物なら、細長い容器を選び、上部の
空間をたっぷり空けて植えます。横に広がるタイ
プのものなら、浅く丸い形の容器に。一方、サ
ボテンのように成長の遅いものは、容器に収まら
なくなることがないので、ジャストサイズの器に植
えても安心。ただ、用土のレイヤーやマテリアル
で遊ぶことを考えると、植物に対して少し大きい
くらいの容器のほうが見栄えよく仕立てられます。

必要な道具

手が奥まで届かない容器に
テラリウムをつくるには、
細かい作業のための道具を
揃えておくと便利です。

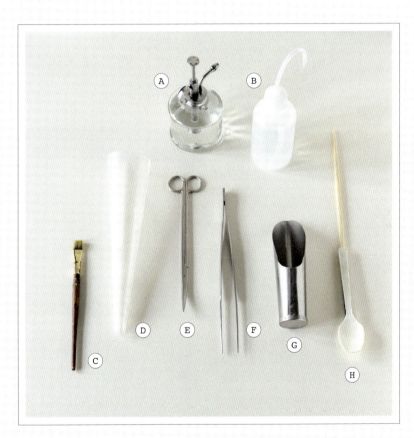

A　霧吹き：苔やエアプランツはスプレーして水やりをするので、ひとつは持っておきたい。
B　ノズル付き水差し：口の細いボトルを使ったテラリウムや、葉を濡らさない植物の水やりをするときに便利。
C　筆：または細い刷毛。葉の土やガラス面についた土をはらったり、土をならすのに使う。
D　じょうご：クリアケースを丸めたものを使用。土や砂を入れるとき、器の中に飛び散らないように。
E　ハサミ：アクアリウム用に売られている細長いものを使用。
F　ピンセット：植物を植えるのに必要。菜箸よりも使いやすい。
G　筒型のスコップ：土、砂などを小さなスペースに敷くときに。
H　スプーン：スコップ代わりに。さい箸などに付けて長さを調節しても。

使う土の種類

主役の植物に合った土を選ぶのはもちろん、
レイヤーをつくったり表面に化粧土をするため
ひとつのテラリウムに数種の土を使うことも。

Ⓐ バーミキュライト

原料の鉱物を高温で焼成した無菌の土。軽さと表面にたくさんの孔があいていることが特徴で、排水性、保水性が高い。ピートモスや赤玉などと混ぜて使うとよい。

Ⓑ アクアソイル

良質な黒土を粒状に焼き固めたもの。水草育成用の低床素材として、水質を保つ効果がある。通気性がいいので、苔などのテラリウムにも適しています。

Ⓒ バークチップ

樹の皮を細かく砕いたもの。土の表面を覆うマルチング材としてよく利用されます。通気性がいいことから、テラリウムでは土を入れず器に、直接バークチップを敷くことも。

Ⓓ 赤玉土

園芸全般に使われる基本の土で、関東ローム層の赤土を乾燥させた粒状のもの。排水性、保水性がよく、本書ではブレンド用土のベースとして配合しています。

Ⓔ ピートモス

苔類や植物が積み重なって固まったもの。保水性、排水性に優れ、軽いのでハンギングバスケットやテラリウムにも多用されます。本書で使用したのはPH調整済みのものです。

Ⓕ 水苔

湿地に自生する苔の一種。排水性と保水性のバランスがよく、蘭を植えるときの用土として知られます。テラリウムつくりでは根を巻いて保護するなど欠かせない材料です。

Ⓖ ブレンド用土

[赤玉土4：くん炭2：鹿沼土1：バーミキュライト1：砂1：ピートモス1] のブレンド。水はけをよくするために、くん炭をやや多めに配合しているのがポイント。

Ⓗ 砂

アクアリウムの化粧砂としても使われる川砂。排水性と通気性がいいのでテラリウムにも適していて、土やモスと重ねてレイヤーをつくったり、砂地の風景を再現できます。

Ⓘ 杉皮

杉の樹皮を砕いてチップにしたもの。保水性に優れています。自然界では多くの苔が樹皮や腐葉土の上を好むので、苔のテラリウムにも適しています。

Ⓙ くん炭

もみ殻を燻して炭にしたもの。湿度を調整し、根腐れを防いでくれる効果もあるので、テラリウムの用土には、一般の園芸用よりもやや多めに配合して使っています。

Ⓚ セラミック

多孔質セラミックを粒状にしたもの。土と同じようにプランター栽培や水耕栽培などに使えます。通気性、保水性のよさが特長で、鉢穴のない容器に植えるときに使うことが多いです。

Ⓛ 鹿沼土

主に栃木県鹿沼市で産出する軽石。粒子が硬く崩れにくいので排水性、保水性を長く保つことができます。本書ではブレンド用土に混ぜて使用しています。

それぞれの特徴とお手入れ

植物の個性を知って
テラリウムのなかでの生活をつくってあげれば
たっぷり長く楽しむことができます。

succulent

——— 多肉植物 ———

冬型、夏型の種別の組み合わせが
いちばんのポイント

葉や茎、根が肉厚で水を蓄える力を持っているため、水やりのスパンが長いのが特徴。生育パターンは、春と秋が生育期の春秋型、初夏から秋にかけて成長する夏型、冬に成長する冬型の3つに分かれます。冬型種と夏型種のなかには、やや極端な性質のものも。暑さが苦手な冬型種にはとくに気を配り、寄せ植えするときも冬型同士を組み合わせたほうが育てやすいです。また、成長を考えてスペースに余裕を持たせて植えます。

生育パターン

● 夏型 ——ユーホルビア、アロエ、
　　　　　カランコエ、グラプト、セダム
● 冬型 ——リトープス、センペルビウム、
　　　　　コノフィツム
● 春秋型 ——セネシオ、エケベリア、ハオルチア

明るめの室内。季節で置き場所を変えても
置き場所

基本的には、風通しのいい、明るい室内に置きます。直射日光は避けますが、まったく陽が当たらないと、ひょろひょろと細長く伸びてしまい、葉の色も悪くなります。冬は適度に日光がはいる日なたに。夏場、暑さに弱い冬型種は、半日陰に置くようにします。

水のやり過ぎに気をつける
水やり

ノズルが付いた水差しで、葉にかからないように根元に水を注ぎます。テラリウムの場合、普通の鉢植えよりもさらに水やりのサイクルが長くなるので、水のやりすぎにはくれぐれも注意を。生育期には4〜5日、休眠期には2週間ほど間隔をあけるようにします。

様子を見ながら1本ずつ間引いて
植え替え

成長の速度はまちまちですが、おおむね2年くらいはテラリウムの中で育てられます。全体にボリュームが出過ぎてしまったら、どれか一つだけを抜くのも手。その際、ほかの植物の根元を押さえながらピンセットで抜きます。無理にスペースをつめて整えなくても、自然とほかの植物が広がって隙間を埋めてくれます。

伸びすぎた葉を剪定すればOK
手直し

明らかにダメになってしまったものは、カットせずに根ごと抜きます。また、伸び過ぎてきたと思ったら、伸びた先の部分をピンチ（剪定）するだけ。メンテナンスはとても簡単です。

air plants

エア
プランツ

風通しのいい場所を選んで。
水やりのあとはしっかり乾燥

エアプランツとは、アナナス（パイナップル）科チランジア属の植物の総称。岩などに付いていて空中で育っているようにも見えるので、こう呼ばれるようになりました。空気中の湿度を吸うので水やり頻度は少なくていいのですが、まったく水をやらなければ、ほかの植物と同じように枯れてしまいます。テラリウムに仕立てたあとも定期的に水やりし、しっかりと乾かしてあげることが大切です。

ガラス越しの直射日光には要注意   置き場所

明るめの室内に置きます。多肉と同じで、陽がまったく当たらないところでは育ちませんが、直射日光は避けましょう。ガラス越しの日差しはとくに強く、テラリウム内の温度が上がって蒸れる心配もあるからです。風通しのよさも大切。ただし、エアコンの風が当たると乾燥しすぎるので、避けるように気をつけます。

スプレーして完全に乾かすのがコツ   水やり

週に1〜2度を目安に、器から取り出して葉先を中心にスプレーします。風をよく通し、完全に乾かしてから器に戻します。根元に水が溜まったら逆さにして振ります。ソーキング（水に浸ける）方法もありますが、根元に水が溜まりやすいのであまりおすすめしません。葉がシルバーのものよりグリーン系のほうが、比較的、水が欲しい性質です。

大きくなったら容器を替えて楽しむ   植え替え

土に植えないので、植え替えの作業はありません。葉が大きくなりすぎたらひとまわり大きなサイズのテラリウム容器に移し替えます。

茶色い葉はこまめに取り除いて   手直し

あまりメンテナンスの必要がないのもエアプランツの特長。ただ、変色した葉があると虫がつく原因にもなるので、茶色っぽくなった葉を見つけたら取ってあげましょう。ピンセットで外側の葉をそっと剥がすように取り除きます。

MOSS

苔

環境さえ合えば、
ほかの植物とも組み合わせ自在

日本の気候に合い、たくさん自生している苔。根っこがなく、植わっているものを剥がしてテラリウムの用土の上に置くだけで、その環境になじんでくれます。密閉した空間でも生育するので、いろいろな容器を選ぶ楽しみも。日陰で育つイメージですが、ゆるやかな日なたの半日陰を好むタイプの苔もあり、自生地の環境を参考にしてみましょう。特にシダ類など、同じような湿気を好むものと共存しやすいです。

生育パターン

- 日陰……… ヒノキゴケ、タマゴケ、シッポゴケ、ホウオウゴケ、ムチゴケ、シノブゴケ
- 半日陰…… ホソバオキナゴケ、ツヤゴケ、コツボゴケ、ヤマゴケ

あまり日光が当たらない場所にも置きやすい   置き場所

もともと自生していた場所によって、日陰（真っ暗ではなく、薄暗い程度）、または半日陰（日中に直射日光が当たらず、ゆるやかな日差しを感じるところ。自然の環境でいうと、樹木の足元あたりのイメージ）のどちらか適しているほうに置きます。

乾いたと思ったらスプレーで保湿   水やり

植えてすぐは、下の土になじませるためにたっぷり水をやります。普段は、苔の表面が乾いたと思ったら、容器の口からスプレーを。置き場所やフタの有無、一緒に植え込んでいるものによっても変わりますが、目安としては3〜4日に1度くらいの頻度です。

ほかの植物を押さえて1株だけを抜く   植え替え

どんどん育つものではないので、頻繁に植え替える必要はありません。育ちすぎたものがあれば、ほかの植物が抜けないように押さえながらピンセットで抜きます。多肉と同じように、ほかの植物の位置を整えなくても自然に広がってスペースが埋まります。

変色した部分だけを剪定   手直し

伸びて黄色や茶色になってしまっている部分があれば、変色したところだけをカットすればOK。そうすると、そこから新しい芽が出てきます。また、ある程度伸びてきた部分をカットして挿し芽をし、増やして楽しむこともできます。

orchid

蘭

いろいろな場所で生きてきた植物。
着生と地生とで植え方が異なる

蘭は、植物のなかでも進化が遅かったと言われていて、そのために薄暗い場所や、樹木に着生するなど、いろいろな場所で生き延びる術を身につけています。生育パターンは、木の幹や岩などに根を付けて成長する着生蘭と、土に根を下ろして成長する自生蘭とに分かれます。花が咲くのも魅力ですが、肉厚感のある葉や根元のバルブ（茎が丸く肥大化した部分）を観賞するイメージで仕立てると、テラリウムらしさが出ます。

生育パターン

● 着生⋯⋯⋯⋯ファレノプシス、オンシジウム、
　　　　　　　デンドロビウム
● 地生⋯⋯⋯⋯パフィオ、シンビジウム

形態

● 複茎性（毎年バルブを出し、茎が複数立つ）
　⋯⋯⋯⋯⋯⋯オンシジウム、デンドロビウム
● 単茎性（1本の茎が伸びる）
　⋯⋯⋯⋯⋯⋯バンダ、ファレノプシス

玄関などにも陽当たりを気にせず置ける

置き場所

直射日光に当たると日焼けしてしまうので、やはり半日陰くらいが理想的。家のなかでは、窓のあるリビングなどに限らず、玄関のように陽当たりがあまりよくない場所にも置けます。環境に慣れるまではストレスがかかるけれど、対応していく力を持っている植物です。

水やり

植え方は違っても、水やりの頻度は同じ

水を蓄える力を意外と持っているので、乾いていたらスプレーで水やりを。地生のものは器の口から、着生させたものは土台ごと取り出して根を中心にスプレーします。ほかの植物と同様、水をやったあとはしっかりと乾かすことが大切。いつも根元が湿っている状態は好ましくありません。

着生したものは取り出して手で摘み取ることもできますが、ピンセットやハサミなどテラリウム用の細い道具があると便利です。

だめになっている葉をこまめに取り除く

手直し

茎や葉が枯れたようになっていたり、変色していたら、その部分だけを取り除きます。大きくなりすぎると手入れがしづらいので、鉢植えになっているものを株分けして、1株だけをコルクなどに着生させる方法があります。コンパクトなほどメンテナンスしやすくなります。

テラリウムお悩み Q&A

鉢植えとは育て方がやや違うところもある
テラリウム。初めて挑戦するときに、
よくある疑問をまとめました。

Q

苔が茶色っぽく
変色してしまいました。

A

一度、茶色くなってしまった部分が
再び緑色に戻ることはありません。
しかし、それで苔全体がだめになっ
たというわけではないので安心を。
茶色い部分だけをばっさりカットすれ
ば、またそこから緑色の新しい芽が
伸びてきます。

Q

多肉植物の葉が
干からびてしまいました。

A

品種によっても違いますが、少しシ
ワっぽくなっている程度なら復活でき
ます。ただ、ハオルチアなどの葉が
カチカチに固くなって赤く変色してい
たら、もう完全にだめになっているサイ
ン。株元から剥がして取り除きましょ
う。枝分かれしている多肉で、どれ
か1本の先端だけが変色している場
合は、その部分だけをカットします。

Q

どんな病害虫に
気をつければいいですか?

A

蒸れることで発生する小さな綿虫(さ
わるとベタベタします)、褐色または
黒色の斑点ができる黒点病(黒星
病)、夏にはダニなどにも気をつけま
しょう。少なければピンセットで虫を
取ってあげ、薬剤をやります。増えて
いたら、まずは抜いて根の状態を見
てみます。根が黒くなっていたら、も
うだめになっているということです。

Q

水をあげすぎて、
器の底のほうに
溜まってしまいました。

A

テラリウムには鉢穴がなく、器に溜
まった水分を流すことができないの
で、土が含んでいる水分を吸い取る
方法になります。丸めたティッシュを
ピンセットなどを使って土の上にポン
ポンと置いていきます。少し手間は
かかりますが、こうしてティッシュに
余分な水を吸収させます。

Q

肥料はあげてもいいですか?
また、タイミングは?

A

肥料はそれほどやらなくてもいいの
ですが、あげるとしたら、液肥を水
で2000倍程度まで薄めて水やりの
ときに。時期は、それぞれの成長期
に合わせてあげるようにします。土
に植えていないエアプランツもスプ
レーする水のなかに液肥を少量混ぜ
てあげることができます。ただし、苔
については肥料は必要ありません。

A
ハオルチア CV
Astroloba
アロエ科　ハオルチア属

ハオルチアの硬質葉系の仲間に似ている形状。三角すいの硬質な葉が星形のように付き、塔状に上へと重なり伸びていく。葉は種類により深い緑色のつるんとしたものと、小さなボツボツ模様が付いたものなどがある。

● <u>生育型</u>　春秋型
● <u>大きさの目安</u>　高さ約10cm程度

B
月花美人
Pachyphytum
ベンケイソウ科　パキフィツム属

淡い色味の丸みと張りのある肉厚の葉が愛らしい。表面に白い粉をまとい、外側はピンクがかっている。秋は紅葉し、春には小さな花が咲く。分厚い葉に水分を含んでいるため、水やりは少なめに。株分けや葉挿しで増やせる。

● <u>生育型</u>　夏型
● <u>大きさの目安</u>　直径10cm

C
鉄錫杖
<small>テッシャクジョウ</small>
Senecio stapeliformis
キク科　セネシオ属

直立して長く伸びる、棒状で硬質な茎。表面には小さなトゲのような葉が等間隔に並ぶ。多肉質で丈夫な根を持ち、生長とともに茎も群生する。春には鮮やかな橙色の花が開花し、太い茎とのコントラストがなかなかユニーク。

● <u>生育型</u>　春秋型
● <u>大きさの目安</u>　高さ約25m

D
薄氷
<small>ハクヒョウ</small>
Graptopetalum
ベンケイソウ科　グラプトペタルム属

「姫朧月」「銀紅蓮」などいくつか名前がある。グラプトペタルム特有の大きなロゼットとおぼろげな青緑色が魅力。夏と冬は水やりは控え、基本的に乾燥気味に育てる。直射日光を避けて明るい日陰に置き、葉焼けを防ぐ。

● <u>生育型</u>　春秋型
● <u>大きさの目安</u>　直径5〜10cm

E
リプサリス ピロカルパ
Rhipsalis
サボテン科　リプサリス属

熱帯雨林の木の幹などに着生して育つ森林性サボテンの仲間で、約60種ほどの品種がある。代表的な形状として、細いひも状の茎がわさわさと長く伸びて鉢から下へ垂れ下がるものが多い。室内でハンギングして楽しめる。

● <u>生育型</u>　春秋型
● <u>大きさの目安</u>　長さ50〜60cm

F
春萌
<small>ハルモエ</small>
Sedum 'Alice Evance'
ベンケイソウ科　セダム属

さわやかな明るいグリーンの肉厚な葉がぎゅっと詰まってロゼットを形成する。ぷっくりした葉に水分を溜めるので、乾燥や寒さに強い。寒冷地以外では冬も戸外で耐えられる。茎は伸びてきたら切り、土に挿せば増やせる。

● <u>生育型</u>　春秋型
● <u>大きさの目安</u>　直径8〜10cm

A
ブルーバード
Crassula Blue Bird
ベンケイソウ科　クラッスラ属

金の成る木として知られる「花月」のグループのひとつで、葉の青みが強いのが本種。丸く厚いヘラ型の葉は青白い粉をまとい、紅い縁どりがある。丈夫に幹立ちするタイプで、数年間元気に育てれば立派な木の姿になる。

● 生育型　夏型
● 大きさの目安　高さ1〜3m

B
紫麗殿（シレイデン）
Pachyveria 'Blue Mist'
ベンケイソウ科　パキフィツム属

肉厚でころんとしたジェリービーンズのような形の葉。白い粉が覆う薄紫色の淡い色合いは美しく、寄せ植えにしても存在感を示す。夏は明るい日陰で乾燥気味に。寒さに弱いので冬は室内に置く。挿し芽で増やせる。

● 生育型　春秋型
● 大きさの目安　直径約5cm

C
バリダプリンス
Echeveria.cv. 'Palidapurinss'
ベンケイソウ科　エケベリア属

「花の宰相」とも称される中型種のエケベリアで、薄緑色の葉のロゼットが美しい。赤い縁どりと蝋細工のような質感も魅力的。挿し芽で増やせる。夏は休眠させ、葉焼けしないよう遮光下に置く。冬も室内で管理する。

● 生育型　春秋型
● 大きさの目安　直径約20cm

D
リパリー
Semperuvivum
ベンケイソウ科　センペルビウム属

センペルビウムは、ラテン語で"永遠に生きる"という意味。強健な性質を持ち、寒さにとても強い中型品種。青緑色の細長い葉が美しく、季節によって葉色を変える。水のあげすぎには注意する。

● 生育型　冬型
● 大きさの目安　直径5〜10cm

E
玄海岩蓮華（ゲンカイイワレンゲ）
Orostachys genkaiense
ベンケイソウ科　オロスタキス属

丸みのある葉のロゼットがかわいらしい。丈夫で繁殖力に長け、親株からランナーを出してたくさんの仔を付け群生する。開花は秋でロゼットの中心から細い花茎が伸び白い花が咲く。寒さに強く真冬も戸外で栽培が可能。

● 生育型　春秋型
● 大きさの目安　高さ10cm以下

Ｆ
朧月（オボロヅキ）
Graptopetalum paraguayense
ベンケイソウ科　グラプトペタルム属

路肩の石垣などに群生して垂れ下がっていることも多い種。ロゼット状に展開した葉は白い粉で覆われた淡いピンクで、まさに"おぼろ"な色味だ。非常に強健で通年戸外で栽培できる。水やりは月に2度、土が濡れる程度で。

● 生育型　夏型
● 大きさの目安　高さ10〜15cm

Ⓐ
ハンニャ
般若
Astrophytum ornatum
サボテン科　アストロフィツム属

8本の稜線と鋭い褐色の鋭いトゲを持つ。球形から円柱状に生長し、1mを越える高さになるものも。色や柄により白条般若、白雲般若、金刺般若など数種類ある。生長期の春〜秋は水をたっぷりとあげ、冬は断水する。

● 生育型　夏型
● 大きさの目安　直径約10〜20㎝

Ⓑ
ビャクダン
白檀
Chamaecereus silvestrii
サボテン科　カマエケレウス属

直径2〜3㎝の円筒形の枝がヒモ状になって土を這うように伸び、鉢からあふれ垂れ下がるほどに群生する柱サボテン。晩春〜初夏には朱色の花が群開する。戸外での栽培が可能。日照と風通しをよくして、冬は断水をする。

● 生育型　夏型
● 大きさの目安　高さ20〜30㎝

Ⓒ
ムラサキタイヨウ
紫太陽
Echinocereus rigidissimus ssp. rubispinus
サボテン科　エキノケレウス属

「太陽」の変種。頭頂部が少し太い円筒形の株は紫ピンクのグラデーションを彩り、規則正しく並ぶ赤紫のトゲも美しい。春には頭頂部に大きなピンクの花が咲く。冬の水分休止と、十分な日照が花や株の発色を促す。

● 生育型　夏型
● 大きさの目安　高さ15〜30㎝

Ⓓ
ベニコマチ
紅小町
Notocactus scopa var.ruberrimus
サボテン科　ノトカクタス属

密生した白いトゲが美しい小型の球サボテン。春には頭頂部に茶色い実のような蕾が付き、ふくらみ出して約2日後には一気に黄色い花が咲く。丈夫で耐寒性に優れるが、酷暑期は遮光をして半休眠させるのがよい。

● 生育型　夏型
● 大きさの目安　直径5〜10㎝

Ⓔ
ミグイルティヌス
Pseudolithos migiurtinus
ガガイモ科　プセウドリトス属

ソマリア原産の球形の植物。属名のプセウドリトスは「偽の石」の意味で、まんじゅうのような形とボコボコした肌質が非常に個性的だ。茎の中ほどから小さな茶色い花を付ける。真夏の直射日光にも強く、戸外で栽培可能。

● 生育型　夏型
● 大きさの目安　直径約5㎝

Ⓐ Ⓑ Ⓒ Ⓓ Ⓔ

Ⓐ

クリスパム

Dorstenia hildebrandtii f.crispum
クワ科　ドルステニア属

よく見知った多肉植物とは少し違う容姿の、いわゆる草タイプといわれるドルステニア。葉は薄くて波打ち、茎は根元だけがふくらんでいる。実生で増えるが種を遠くへ飛ばす性質がある。寒さに弱いので冬は室内栽培がよい。

● 生育型　夏型
● 大きさの目安　高さ10～15cm

Ⓑ

フェルニア

Huernia
ガガイモ科　フェルニア属

サボテンのような稜のあるごつごつした柱状の茎が特徴。峨角、竜王角、阿修羅などの代表種がある。葉はなく茎から直接星形の花が開く。ガガイモ科特有のにおいを出すものも。強い陽射しを避け風通しのよい環境で育てる。

● 生育型　夏型
● 大きさの目安　高さ20～30cm

Ⓒ

長刺武蔵野
ナガトゲムサシノ

Tephrocactus articulatus f.diadematus
サボテン科　テフロカクタス属

不定形な茎を団子状に積み重ねた、ウチワサボテンの仲間。茎節からペラペラとした平たい紙のようなトゲを発生させた姿が印象的だ。丸い茎節はある程度育つとぽろっと取れることがあるが、挿し木でまた増やせる。

● 生育型　春秋型
● 大きさの目安　高さ約20cm

Ⓓ

若緑
ワカミドリ

Crassula lycopodioides var. pseudolycopodioides
ベンケイソウ科　クラッスラ属

明るい黄緑色の細かな葉がひも状に伸びてわさわさと重なった姿が特徴的。生長すると高さが30cmにもなるが、10cmほどで切り戻すほうが見た目が整う。秋には小さな黄色い花が葉のすき間から顔をのぞかせる。

● 生育型　春秋型
● 大きさの目安　高さ10～30cm

Ⓔ

白樺麒麟
シラカバキリン

Euphorbia mammillaris
トウダイグサ科　ユーフォルビア属

銀色の太い茎にたくさんの鋭いトゲを生やした、一見サボテンのような姿をしている。生育期の水やりのほかは特別な手入れは不要で、育つと桃色の小さな花を付ける。茎や葉の切り口から出る白い樹液は毒性なので注意を。

● 生育型　春秋型
● 大きさの目安　高さ約30cm

ラウシー

Sulcorebutia rauschii

サボテン科　スルコレブチア属

和名は黒麗丸。むっちりとした小型球体の株が次々と仔吹き、ひしめくように群生する。表皮は紫や緑などのカラーバリエーションが。また春先には美しいピンクの花を咲かせる。根は肥大するので機を見て植え替えを。

● 生育型　春秋型
● 大きさの目安　直径3〜5cm

ガマルグエンシス

Frailea

サボテン科　フライレア属

虎の子、狸の子、豹の子などのかわいらしい和名を持つ種が多いフライレア属。超小型の球サボテンで、株の直径が2cm程度の小ささでも黄色い花が開花する。生長期の水やりは多めにし、遮光下のやわらかい光で栽培を。

● 生育型　夏型
● 大きさの目安　直径約3〜5cm

巻絹^{マキギヌ}

Sempervivum arachnoideum

ベンケイソウ科　センペルビウム属

名の通り、葉先に生える絹のような白い綿毛が絡み付くようにロゼットを覆っている。耐寒性があり栽培しやすく、春の植え替えで子株がどんどん群生する。細根タイプなので植え替えは株が成長してしまう前に行いたい。

● 生育型　冬型
● 大きさの目安　直径約3cm

オフタルモフィルム

Ophthalmophyllum

ハナミズナ科　リトープス属

葉が球状に多肉化した「玉型メセン」と呼ばれる仲間のひとつで、風鈴玉、秀麗玉など多様な種類がある。葉の頭部が2つに分かれ、頂部に透明の採光窓を持つものが多い。冬型で夏は完全休眠するので断水して管理する。

● 生育型　冬型
● 大きさの目安　高さ2〜3cm

玉扇^{ギョクセン}

Haworthia truncata

アロエ科　ハオルチア属

名の通り扇を広げたように立ち並ぶ分厚い葉。その上部はまるで刃物で水平にカットしたような姿をしている。葉の先端（窓）から光を取り入れ光合成をする。この種は根が太く長く伸びるので栽培には蘭鉢が適している。

● 生育型　春秋型
● 大きさの目安　直径約5cm

福来玉、招福

Lithops julii ssp.fulleri

ハマミズナ科　リトープス属

赤や茶など色による種類がある。頭頂部に透明窓を持ち、ひび割れ模様のような柄がある。春や秋には中央の割れ目から脱皮をし、新芽を出しながら群生する。脱皮後の葉はシワシワになるが、水をやりすぎないよう我慢を。

● 生育型　冬型
● 大きさの目安　高さ3〜5cm

Ⓐ

リプサリス　カスッサ
Rhipsalis Cassutha
サボテン科　リプサリス属

リプサリスの中でも代表的な種で、細い茎をあちこちの方向へ長く伸ばしながら生長する。元気に育つと茎は数メートルにもなる。サボテン同様に水やりは少なめで。寒さに弱いので室内では室温を10℃以上に保ちたい。

● <u>生育型</u>　春秋型
● <u>大きさの目安</u>　長さ50〜60㎝

Ⓑ

カンテ
Echeveria cante
ベンケイソウ科　エケベリア属

通称「エケベリアの女王」。生長するとロゼット径が30㎝にもなる大型種で女王の名にふさわしい堂々とした姿に。白い粉が覆うホワイトグリーンの葉は隙間なく密生し、縁は淡いピンクに染まる。秋から冬は赤みが増す。

● <u>生育型</u>　春秋型
● <u>大きさの目安</u>　直径20〜30㎝

Ⓒ

ピリフェラ錦
Haworthia cooperi var pilifera variegata
アロエ科　ハオルチア属

ハオルチアの軟葉系で、すりガラスを思わせる半透明の窓を持つ。株は丈夫で、群生させると清涼感にあふれ美しい。トゲはなく小型なので窓辺やベランダで育てるのにも適している。夏は遮光を強めにして日焼けを防ぐ。

● <u>生育型</u>　春秋型
● <u>大きさの目安</u>　直径約10㎝

Ⓓ

残雪の峰
Cereus spegazzinii f. crist.
サボテン科　セレウス属

「残雪」という柱サボテンの突然変異種。石化（せっか）してコブ状になった植物体が広がり連なる様を峰に、刺の根元の白い綿を雪に見立てた、趣のある名前だ。十分な日に当て、水は鉢底が乾いてからたっぷりとやる。

● <u>生育型</u>　春秋型
● <u>大きさの目安</u>　高さ20㎝

Ⓔ

アルゲンティオ
Argenteo
ベンケイソウ科　セダム属

茎がよく伸び、下垂するタイプ。生育旺盛で土についた茎から根を張り、分岐して増えていく。寒さ暑さに強く、シルバーからピンクの葉色のグラデーションが美しい。セダム属なので、普通の多肉より水やりは多めに。

● <u>生育型</u>　春秋型
● <u>大きさの目安</u>　高さ約50㎝

Ⓕ

翡翠閣 <small>ヒスイカク</small>
Cissus cactiformis
ブドウ科　シッサス属

四角柱の節くれだった茎に、ひげのようなツルと葉が巻きついて伸びていく。茎は「翡翠」の名のとおり美しい緑色だが、太いわりに折れやすい。ブドウに似た丸い実がついていずれ赤紫色に熟すが、有毒で食用ではない。

● <u>生育型</u>　夏型
● <u>大きさの目安</u>　長さ50〜60㎝

Ⓐ Ⓑ Ⓒ Ⓓ Ⓔ

Ⓐ
シュクエン
祝宴
Haworthia turgida
アロエ科　ハオルチア属

ハオルチア軟葉系の人気種。肉厚の
三角形の葉の先に透明の窓を持ち、
ストライプや斑点模様が光に透けて涼
しげな印象を。直射日光の下では葉
が赤茶けて、溶けてしまうこともあるの
で遮光をした明るい環境に置く。

● 生育型　春秋型
● 大きさの目安　直径5〜10cm

Ⓑ
ユメドノ
夢殿
Haworthia hybrid 'Yumedono'
アロエ科　ハオルチア属

軟葉系ハオルチアには多くの交配種が
あり、本種もそのひとつ。三角形の分
厚い葉には代表的特徴である透明の
採光窓が、また葉全体に白いトゲのよ
うな突起が並ぶ。比較的生長が遅い
が仔吹きもするので気長に栽培を。

● 生育型　春秋型
● 大きさの目安　直径5〜10cm

Ⓒ
ヘアリー
Crassula mesembryanthemoides
ベンケイソウ科　クラッスラ属

クラッスラの中でも人気の高い「銀箭(ギ
ンゾロエ)」の亜種で、葉全体にびっし
り生えた白い産毛が特徴。銀箭に比べ
葉の形がやや平らで細長い。葉挿し
で増やせる。寒さや乾燥には強いが
過湿が苦手で、雨に当てないよう注意。

● 生育型　夏型
● 大きさの目安　高さ10〜15cm

Ⓓ
レッドチーフ
Sempervivum 'Redchief'
ベンケイソウ科　センペルビウム属

密に生えた葉が螺旋状に立ち上がり美
しいロゼットをつくる。季節を追って変
化する葉色が魅力で、特に冬紅葉し
た姿はとてもあでやかで見応えがある。
表面に産毛があり耐寒性に優れるの
で冬も戸外での栽培が可能。

● 生育型　冬型
● 大きさの目安　直径5〜10cm

Ⓔ
クーペリー
Haworthia cooperi
アロエ科　ハオルチア属

ふくらんだ葉の先に透明窓を持つハオ
ルチアの軟葉系で、類似種の中でも
葉先が細長くとがっているのがクーペ
リ。仔吹きしやすく群生させると美しさ
が増す。一年を通して室内の半日陰
で元気に育つので栽培しやすい。

● 生育型　冬型
● 大きさの目安　直径5〜10cm

Ⓐ 白銀の舞
Kalanchoe pumila
ベンケイソウ科　カランコエ属

粉をふったようなシルバーグリーンの葉が美しい。細かく浅い切れ込みが入った形も特徴的。1〜5月の長い開花期には淡いピンクの花が多数咲き、銀葉とあいまってエレガントな雰囲気に。葉色を保つため多湿に注意する。

● 生育型　夏型
● 大きさの目安　高さ約20cm

Ⓑ ルベンス
Sedum rubens
ベンケイソウ科　セダム属

ビーンズのような形のぷっくりした葉がかわいらしい。夏のみずみずしい緑色から淡い黄色、オレンジ色を経て朱色へ紅葉する。葉はぽろっと取れやすい傾向にあるが葉挿しで増やせる。水やりは月に2回、土が湿る程度で。

● 生育型　春秋型
● 大きさの目安　高さ10cm前後

Ⓒ サンライズマム
Sedum sunrise mom
ベンケイソウ科　セダム属

別名イエロームーン。肉厚で小さな葉は名のとおり黄色いときは月のよう、橙〜赤に淡く紅葉する様は日の出を思わせる。茎は上へ伸びていく。葉挿しや挿し芽で増やせて、小さくかわいい姿は寄せ植えにも最適。

● 生育型　春秋型
● 大きさの目安　高さ約10〜15cm

Ⓓ レズリー
Echeveria cv. 'Rezry'
ベンケイソウ科　エケベリア属

葉は肉厚でやや細長く、ロゼット状に生長する。深い緑の葉は低温期に紅葉し、真冬はブロンズのような赤紫色になる。生育は早めで、太めの茎が立ち上がって曲がりながら上へ伸びる。動きのある草姿はインテリアにも最適。

● 生育型　春秋型
● 大きさの目安　直径5〜10cm

Ⓔ シャビアナ
Echeveria shaviana
ベンケイソウ科　エケベリア属

ロゼット状に大きく広げた幅広の葉の先端は細かく波打ったフリル状で、葉が増えるにつれ全体が立ち上がり優雅な姿に。夏は根元に落ちる枯れ葉を取り去り、湿気による根腐れと葉の変色を防ぐ。

● 生育型　春秋型
● 大きさの目安　直径10〜30cm

Ⓕ 霜の朝（アシタ）
Echeveria cv.
ベンケイソウ科　エケベリア属

青白い肌のような色の肉厚の葉。先端がおぼろげにピンクがかり、白さにアクセントをつけている。中心から勢い良く伸びる花茎の先にサーモンピンクの小さな花が咲く。真夏の高温多湿に注意し日光をよく当てて育てる。

● 生育型　春秋型
● 大きさの目安　直径約10〜15cm

Ⓐ 高砂の翁 綴化
Echeveria cv. 'Takasagonookina'
ベンケイソウ科　エケベリア属

葉の先端がやわらかく波打ったフリル系エケベリアの仲間。ピンクで縁どった薄緑色の葉は十分な日光の下で赤みを増して美しく紅葉する。元気に育つと直径30cm以上にもなる大型種で、ダイナミックさも魅力。

● 生育型　夏型
● 大きさの目安　直径15〜20cm

Ⓑ クーペリー アドロミスクス
Adromischus cooperi
ベンケイソウ科　アドロミスクス属

個性的な模様や姿形が魅力のアドロミスクス。クーペリは平らでやや波打った緑の葉に紫色の斑紋が入る。達磨型や色白のものなどタイプ違いも。高温多湿を苦手とし、夏は休眠するので水やりを控えて涼しい場所に置く。

● 生育型　春秋型
● 大きさの目安　高さ約10cm

Ⓒ ブロンズヒメ
Graptopetalum 'Bronze'
ベンケイソウ科　グラプトペタルム属

つやのある赤茶色の茎が立ち上がって群生し、三角形の肉厚な葉は小型のロゼット状に生長する。葉は取れやすいが葉挿しで次々と増える。水を控えめにし、しっかり日を当てるとブロンズ色の赤みが増していっそう美しい。

● 生育型　夏型
● 大きさの目安　直径約3cm

Ⓓ ロンボピローサ
Kalanchoe rhombopilosa
ベンケイソウ科　カランコエ属

「扇雀」「姫宮」の日本名で知られ、葉は黒茶色のものと緑がかった灰色に褐色の斑紋が入るものがある。どちらも先端がフリルのようにゆるく波打っている。根が細く根腐れを起こしやすいため時期をみて植え替えを。

● 生育型　夏型
● 大きさの目安　高さ約15〜20cm

Ⓔ グラウカムミラー
Sempervivum glaucum mirror
ベンケイソウ科　センペルビウム属

やや先の尖った平たい葉が大きく放射状に広がり美しいロゼット状になる。中心部からほんのり紫色に染まり大輪の花のよう。耐寒性に優れ、真冬でも戸外栽培が可能。生長が早くランナーで増殖するので春に植え替えを。

● 生育型　冬型
● 大きさの目安　直径約5cm

Ⓕ 虹の玉
Sedum rubrotinctum
ベンケイソウ科　セダム属

光沢のあるぷっくりとした葉がかわいらしい。夏は深い緑色で、秋の訪れとともに紅葉し始める。その過程のグラデーションが美しい。秋本番には茎も含めみごとに真っ赤に染まる。葉挿しで増やしてにぎやかに飾るのもよい。

● 生育型　夏型
● 大きさの目安　高さ約10〜15cm

Ⓐ
ジュンシフォリア
Tillandsia juncefolia
パイナップル科　チランジア属

密生した細長い葉が箒のような形を成し、きれいな赤紫の花をつける銀葉種。仲間のジュンセアとよく似るが、表面を覆うトリコームが本種のほうが薄くて青みが濃い。強健で繁殖力もあり、長く育てられる一種。

● 生育型　夏型
● 大きさの目安　高さ15〜20cm

Ⓑ
ウトリクラータ（クランプ）
Tillandsia utriculata Clump
パイナップル科　チランジア属

小型の銀葉種。開花しなくとも次々と株元に子株が発生し群生していくのが特徴。シンプルな姿ながら、どんどん子株が付いていく様子は見ていて楽しい。赤い茎の先に白い花が咲き、開花後は親株は枯れる。

● 生育型　夏型
● 大きさの目安　高さ5〜10cm

Ⓒ
シュードベイレイ
Tillandsia pseudobailey
パイナップル科　チランジア属

プセウドベイレイともいい、似た種にベイレイがあるため「偽のベイレイ」という意味。うねって伸びる筒状の葉は原種に比べ硬い。大きなつぼ型で、水分を多めに欲する。乾燥すると葉はシワシワになるので灌水して戻す。

● 生育型　夏型
● 大きさの目安　高さ10〜30cm

Ⓓ
フンキアーナ
Tillandsia funckiana
パイナップル科　チランジア属

細くやわらかい茎を伸長させながら生育する小型の有茎種。クランプしやすく、環境によりうねったり丸まったりと動きをつくる。はっとするようなあざやかな朱色の花も魅力だ。半日陰の明るさで育つが寒さにはやや弱い。

● 生育型　夏型
● 大きさの目安　高さ10〜20cm

Ⓔ
ストレプトフィラ
Tillandsia streptophylla
パイナップル科　チランジア属

ころんとしたつぼ型の人気種。葉は乾燥するとくるくると巻き付くようにカールし、水を吸うとしゅっと立つ。水やり具合によるフォルムの変化が楽しい。ピンクの花序から薄紫の花が咲くが、子株は生長が遅く数年かかる。

● 生育型　夏型
● 大きさの目安　高さ10〜15cm

Ⓐ

ジュンセア
Tillandsia juncea
パイナップル科　チランジア属

針のように細かな葉がすらりと伸びた
銀葉種。スマートで涼感があり、イン
テリアに適す。乾燥に強いうえ、寒さ
暑さにも比較的耐えられる丈夫さを持
つ。水やりは週3回程度の霧吹きと、
春と秋のみ月2回のソーキングを。

● <u>生育型</u>　春秋型
● <u>大きさの目安</u>　高さ15〜20cm

Ⓑ

ブッツィ（クランプ）
Tillandsia butzii clamp
パイナップル科　チランジア属

株全体のまだら模様と四方にうねって
伸びる細い葉が特徴的なブッツィ。花
をつけたあと出る子株を切り分けずに
つけておきクランプにすれば、ボリュー
ムを増したうねる葉はいっそう迫力あ
る姿になり、見ごたえがある。

● <u>生育型</u>　夏型
● <u>大きさの目安</u>　高さ20〜25cm

Ⓒ

ブラキカウロス
Tillandsia brachycaulos
パイナップル科　チランジア属

多肉質でやや硬めの葉が、開花前後
に株ごと真っ赤に紅葉するのが特徴
の緑葉種。中心に紫色の花をつけ、
赤く染まった葉をめいっぱい広げた姿
は花火のように美しい。湿度を好むの
で、水苔を敷いた鉢での栽培を。

● <u>生育型</u>　春秋型
● <u>大きさの目安</u>　高さ10〜15cm

Ⓓ

ライヘンバッキー
Tillandsia reichenbachii
パイナップル科　チランジア属

シルバーがかった灰色のやや硬めの
葉が、うねるように広がって伸びていく。
クランプをつくることが多い。開花期
の6〜7月頃には淡い薄紫色の花が咲
き、大変良い香りを放つ。週に2回程
度ミスティングを。

● <u>生育型</u>　夏型
● <u>大きさの目安</u>　幅15〜20cm

Ⓔ

ロリアセア
Tillandsia loliacea
パイナップル科　チランジア属

手の平よりも小さなチランジア。トリコー
ムをまとった硬めの葉の中心から長い
花序を伸ばし、3mm程の愛らしい黄色
い花をつける。繁殖力に長け、子株
もよく出すが自家受粉もするので年に
数回開花することも。

● <u>生育型</u>　夏型
● <u>大きさの目安</u>　高さ3〜高さ

Ⓕ

セルーレア
Tillandsia caerulea
パイナップル科　チランジア属

細長いシルバーグリーンの美しい葉か
ら次々と脇芽が出て株立ちし、木の
枝のような姿をつくる。香りのある紫
色の花も魅力だ。日当たりと風通し
の良い環境で、根を上にして吊るす
とよく育つ。

● <u>生育型</u>　夏型
● <u>大きさの目安</u>　高さ30〜40cm

A

ウスネオイデス

Tillandsia usneoides
パイナップル科　チランジア属

別名「スパニッシュモス」。銀色の細い
葉が絡み合いながら長く伸びてふさふ
さ茂る。葉はカールしたものや太葉、
中葉など数種ある。香りのある黄緑色
の花もつける。梁や壁にかけて装飾す
るなど、インテリア性も高い。

● 生育型　夏型
● 大きさの目安　長さ30〜50cm

B

フックシィ

Tillandsia fuchsii
パイナップル科　チランジア属

丸い株元の中心から、針金のように
細い銀色の葉を四方に展開する。長
い茎を伸ばして咲く花も魅力で、赤い
花序と筒状の紫色の花の色のコントラ
ストはみごと。子株もよくつける。4〜
5日に1回葉水をし半日陰で育てる。

● 生育型　春秋型
● 大きさの目安　高さ5〜10cm

C

バンデンシス

Tillandsia bandensis
パイナップル科　チランジア属

香りのよい薄紫色の花を毎年のように
咲かせる銀葉種。扇状にクランプを形
成する。似た種にマレモンティーがあ
るが、比較したとき葉がやや硬めなの
が本種。耐寒性があり高湿度を好む
が蒸れには弱いので風通しに留意を。

● 生育型　夏型
● 大きさの目安　高さ約5cm

D

ブッツィ

Tillandsia butzii
パイナップル科　チランジア属

つぼ型にふくらんだ根元から細長い葉
がうねりながら伸びる。全草にまだら
模様が入り、少しヘビを思わせる独特
な姿。夏の蒸し暑さに弱いので夏期
は冷涼な環境で。また同時に乾燥に
も弱く、水分は多めに与えるなどする。

● 生育型　夏型
● 大きさの目安　高さ10〜15cm

E

ガルドネリー

Tillandsia gardneri
パイナップル科　チランジア属

全体を覆うトリコームのざらついた産
毛が、ベロアを思わせる質感の小型種。
中心から放射状に展開し、生長につ
れ下のほうがカールしてふくらむ。ピン
クの可憐な花をつける。乾燥しないよ
う葉水をし、吊るして栽培を。

● 生育型　夏型
● 大きさの目安　高さ20〜30cm

F

イオナンタ（クランプ）

Tillandsia ionantha
パイナップル科　チランジア属

ポピュラーで人気の高い一種。よく仔
を出し株立ちするのでクランプしやす
い。ボリュームある球形クランプの完
成は本種栽培の醍醐味。花期の訪れ
のタイムラグが織りなす、銀、ピンク、
紫のコントラストは素晴らしい。

● 生育型　夏型
● 大きさの目安　高さ5〜8cm

Ⓐ ストリクタ

Tillandsia stricta

パイナップル科　チランジア属

細くしなやかな葉と美しい花、育てやすさが人気。開花は春〜初夏。ふくらんだピンクの花序のあいだから小さな紫色の小花がいくつも顔をのぞかせる。開花後は子株を出し繁殖する。乾燥に弱いので週3回ほど葉水を行う。

● 生育型　夏型
● 大きさの目安　高さ約10cm

Ⓑ ブルボーサ

Tillandsia butzii

パイナップル科　チランジア属

独特のつぼ型のフォルムと、葉のうねりが特徴的。水を好む性質なので、ミスティングは欠かさないようにする。直射日光の当たらない、風通しの良い場所に置いて。開花時には花序が赤く染まり、紫色の筒状の花を咲かせる。

● 生育型　夏型
● 大きさの目安　高さ20〜25cm

Ⓒ メラノクラテル　トリコロール

Tillandsia tricolor var. Melanocrater

パイナップル科　チランジア属

原種トリコロールの仲間。花序と花弁が赤・黄・紫の3色になることからの命名だ。原種よりやや小型で開花期に花序が分岐するなどの違いがある。日当たりと風通しを良くし、株元が根腐れを起こさぬよう管理する。

● 生育型　夏型
● 大きさの目安　高さ10〜20cm

Ⓓ ファシクラータ

Tillandsia fasciculata

パイナップル科　チランジア属

直径、高さともに3倍以上にも生長する大型種で、硬くてシャープな銀葉が大き広がる姿はボリュームがあり豪快。多孔質の岩山やサボテンに着生して育つこともあり、丈夫でたくましい。銀葉種なので日光を十分に与える。

● 生育型　夏型
● 大きさの目安　高さ最大1m

Ⓔ コルビィ

Tillandsia kolbii

パイナップル科　チランジア属

イオナンタによく似ていることから別名をイオナンタ・スカポーサという。イオナンタが放射状に開くのに対し、コルビィは一方向にカーブしていくような形状。筒型で薄紫色の美しい花が咲く。週2回程度ミスティングを。

● 生育型　夏型
● 大きさの目安　高さ約7〜8cm

Ⓕ ハリシー

Tillandsia harrisii

パイナップル科　チランジア属

銀葉種の代表格の一種。トリコームに包まれたやや肉厚で硬い銀色の葉が美しい。株の中心から丈夫な花茎を伸ばして赤い花序に紫の花を咲かせる。株分けで増やして吊るしたり、単体をテラリウムにして楽しめる。

● 生育型　夏型
● 大きさの目安　高さ20cm以上

ヒノキゴケ

Pyrrhobryum dozyanum
ヒノキゴケ科　ヒノキゴケ属

直立する高さ5～10㎝の茎に柔らかい葉が密にふさふさと付く全形が動物の尾に見えることから、イタチのシッポの愛称を持つ。明るい黄緑色のマットは日に当たると美しいが、冬の乾燥時は黄色っぽくなるので水分補給を。

スギゴケ

Polytrichum juniperinum
スギゴケ科　スギゴケ属

一般的に苔庭といわれる和風庭園などでもっとも植栽されている苔で、陽射しのもと色鮮やかに輝く。葉の表面に光合成機能を果たす薄板を持ち、それが空気中の水分を取り込み自力で乾燥を防ぐ。特別な手入れは不要。

ヤマゴケ（アラハシラガゴケ）

Leucobryum bowringii Mitt.
シラガゴケ科　シラガゴケ属

別名「饅頭苔」とも呼ばれ、モコモコと丸みをおびた厚いマットは盆栽の化粧苔にも重宝される。鉢植えの際は杉やヒノキを砕いた樹皮培養土を敷いた上に土を被せるなどして水はけをよくし、蒸れないようにする。

タマゴケ

Bartramia pomiformis
タマゴケ科　タマゴケ属

蒴（さく）と呼ばれるきれいな球形の胞子嚢が特徴の大型の苔。明るい緑色と繊細な植物体が美しく、テラリウムにすると魅力を発揮する。また、苔の種を蒔いて発芽させる「蒔きゴケ法」で鉢植えにして育てるのもよい。

ホソウリゴケ
Brachymenium exile
ハリガネゴケ科　ウリゴケ属

日当たりのよい土の上や街なかのアスファルトの隙間などに密集して生える小型の苔。かたまりを採取して貼りゴケ法で鉢などに移植して栽培できる。乾燥しても白く変色せず、丈夫。水やりも頻繁に行わなくてよい。

シノブゴケ
Thuidium
シノブゴケ科　シノブゴケ属

日陰の湿地や岩の上に、横に這うような形で平面的に群落をつくる。美しい葉の形はシダにも似る。乾燥しても葉は縮まないので苔玉やアクアリウムに適しているほか、流木や多孔質の石などに定着させて栽培するのも楽しい。

ヒツジゴケ
Brachythecium plumosum
アオギヌゴケ科　アオギヌゴケ属

茎が不規則に枝分かれしながらほふくして増殖、薄いマットを形成する。密度は低いが地面にしっかり活着する。管理は容易で苔のなかでは扱いやすい。植え付けの際は土の乾燥が発芽を妨げるので、十分な水やりをする。

ホソバオキナゴケ
Leucobryum juniperoideum
シラガゴケ科　シラガゴケ属

地面ほかスギの木の根元などに生育する山苔。葉は厚みがあり密で、こんもりと丸いマット状に育つので盆栽に最適。ただし密度が高い分、水やりをしすぎると蒸れてしまい色味が白っぽくなるので、過度な加湿に注意したい。

ゼニゴケ
Marshantia polymorpha
ゼニゴケ科　ゼニゴケ属

根、茎、葉の区別があいまいな葉状体。葉の背面の杯状体の構造が無性芽を形成し、周辺に放出して繁殖する。湿った場所を好み、地面を覆うようにしっかり根を張り付かせるので、広範囲に生えるとなかなか除去しにくい。

A

シッポゴケ
Dicranales
シッポゴケ科　シッポゴケ属

いくつか種類があり性質は異なるが、おおむね毛足がフサフサと長く立体感がある。室内栽培の際は容器に入れた腐葉土に少し深めに苔を植え込み、2〜3週間に一度程度霧吹きで表面を湿らせ直射日光のない場所に置く。

B

ハイゴケ
Hypnum plumaeforme
ハイゴケ科　ハイゴケ属

左右に枝を伸ばしながらじゅうたんのように大きく厚いマットを形成する。乾湿両方に強く比較的栽培しやすいが、夏の蒸し暑さには弱いので、春〜夏はたっぷりと水やりし、ネットやよしずなどで遮光して管理する。

C

ジャゴケ
Conocephalum conicum
ジャゴケ科　ジャゴケ属

葉の表面が蛇のうろこのように見えることからこの名前がつく。ヒメジャゴケなどの仲間がある。山地の湿った地面に生息し、ドクダミに似た独特のにおいを持つ。

D

センボンゴケ
Pottiaceae
センボンゴケ科　ハマキゴケ属

植物体は小ぶりだが、密集しながら大きな群落を形成する。乾燥すると葉の緑が内側にすぼまり巻き込まれる。その様を葉巻に見立て、ハマキゴケの属名になったとも。茶褐色になったら、水分を与えれば葉の緑が復活する。

E

アオギヌゴケ
Brachythecium populeum
アオギヌゴケ科　アオギヌゴケ属

日陰を好む種類で、茎は不規則な方向に枝分かれしながら這うように伸びて、マットを広げていく。土への活着力が強いので苔玉や庭の下草に利用しやすい。ある程度の湿度を保てば、それほど手入れを必要とせず育つ。

Ⓐ オンシジウム ミルトニア

Oncidium

ラン科　オンジシウム属

中南米の熱帯地域におよそ400種も分布するランで花姿もさまざまだが、どれも決まった開花時期はなく新芽が伸び始めバルブが形成されたら花芽が付く。増えたバルブは株分けできる。葉やバルブの色が濃くなったら日光不足のサイン。

● 生育型　複茎性
● 大きさの目安　高さ10〜70cm

Ⓑ アングラエカム ディディエリ

Angraecum didieri

ラン科　アングラエカム属

左右交互に葉を付けた短い花茎の先端に良い香りの白い花を咲かせる、マダガスカル原産の小型種。小さな株のわりに花は大きく、不定期に咲く。寒さを嫌うので冬は温度に注意すること。植え替えは3年に一度程度で良い。

● 生育型　単茎性
● 草丈　高さ10〜50cm

Ⓒ デンドロビウム プラウドアピール

Dendrobium Proud Appeal

ラン科　デンドロビウム属

デンドロビウム・デンファレとフォーミディブルの交配種。ピンクから紫のグラデーションが美しい花は持ちがよく、株も丈夫なので長く楽しめる。初夏から秋は40％程度の遮光をし、それ以外はたっぷりの日光に当てる。

● 生育型　複茎性
● 大きさの目安　高さ40〜50cm

Ⓓ デンドロビウム キンギアナム

Dendrobium kingianum

ラン科　デンドロビウム属

日本原産の小型デンドロビウム、セッコク属。バルブの頂部から花茎が伸び、たくさんの小さなつぼみが付く。つぼみがふくらみかけたら完全に開花するまでたっぷり水やりをする。葉にも霧吹きで霧を吹くと良い。

● 生育型　複茎性
● 大きさの目安　高さ15〜50cm

Ⓔ エリア・アポロイデス

Eria aporoides

ラン科　エリア属

濃い緑色のやや肉厚の葉を持った、一見すると多肉植物にも見える変わったラン。開花期には白いかわいらしい花が穂状（すいじょう）になって付くが、花がなくとも観葉蘭として楽しめる形状をしている。

● 生育型　単茎性
● 大きさの目安　高さ5〜40cm

Ⓐ

パフィオペディラム

Paphiopedillum

ラン科　パフィオペディラム属

苔むした岩や湿地などに生育する地生
ラン。多くの洋ランが持つバルブがな
いため、乾きに弱い。植え込み材料
は常に湿った状態にして栽培を。また
強い光を好まないので年間を通して遮
光をおこなう。肥料は少なめでよい。

● 生育型　単茎性
● 大きさの目安　高さ20cm〜1m

Ⓑ

マスデバリア・イグネア

Masdevallia ignea

ラン科　マスデバリア属

南米・アンデス山脈の高地に自生する
小型の洋ランで、花弁の外の萼片（が
くへん）が発達した個性的な姿の花が咲
く。高温への耐性が弱いので栽培は難
しい。夏は霧吹きで冷水を頻繁に吹き
かけるなどして、株が弱るのを防ぐこと。

● 生育型　複茎性
● 大きさの目安　高さ10〜20cm程度

Ⓒ

ファレノプシス

Midi phalaenopsis

ラン科　ファレノプシス属

コチョウランの名でおなじみの、そのミ
ニ版。手軽に飾れるうえ花持ちもよい。
夏のあいだは遮光をし、秋〜春はガ
ラス越しに日光を当てる。花が咲き終
えても、茎を切ると節から再び花芽が
伸び、二番花を咲かせられる。

● 生育型　単茎性
● 大きさの目安　高さ15〜50cm

Ⓓ

オンジシウム スプレンジウム

Oncidium splendidum

ラン科　オンジシウム属

グァテマラ、ホンジュラス原産の多年
草で、オンジシウムの原種。1mほど
にもなる長い花茎の先に、少し厚みの
ある大きな黄色い花弁を咲かせる。多
過ぎる水分は根腐れを起こすので夏
以外はやや乾燥気味でよい。

● 生育型　複茎性
● 大きさの目安　高さ20cm〜1m

Ⓔ

デンドロキュラム

Dendrochilum

ラン科　デンドロキュラム属

別名ホザキヒトツバラン（穂咲一つ葉
ラン）。長く伸びた茎に沿って緑がかっ
た黄色い花が2列、規則正しく咲いて
弓状に下垂する。明るく風通しのよい
場所で管理し、花が枯れたら根元か
ら切り植え替えを。

● 生育型　複茎性
● 大きさの目安　高さ30〜40cm

Ⓕ

デンドロビウム エンジェルベイビー グリーン愛

Angel Baby ′Green Ai′

ラン科　デンドロビウム属

ノビル系デンドロビュームの小型タイプ。
株いっぱいに咲く花の白と葉の深い緑
の色合いがとても清楚な印象を与える。
2〜3年に一度植え替えを、またバル
ブが10本以上になったら株分けも行う。
いずれも春が適している。

● 生育型　複茎性
● 大きさの目安　高さ10〜70cm

succulent plants, air plants
moss, orchid

terrariums

「ブリキのジョーロ」オーナー　勝地末子

自由が丘の人気グリーンショップオーナー。グリーンスタイリストとして、あら
ゆるグリーンのアレンジ、ディスプレイの提案、庭のプランニングなどを手が
ける。独特のスタイリングで、スタイリストや著名人にもファンが多い。著書
に『育ててみたい！美しい多肉植物』（日本文芸社）、『はじめての多肉植物
ライフ』（誠文堂新光社）がある。NHK「趣味の園芸」などに出演も。

Buriki no Zyoro

〒152-0035
東京都目黒区自由が丘3-6-15
Tel：03-3724-1187
㊏AM10:00～PM7:00
自由が丘駅より徒歩8分
http://buriki.jp

〔取材協力〕
道草michikusa　石河英作　http://www.y-michikusa.com/
スピーシーズナーサリー　藤川 史　speciesnursery.com
（有）カクタス広瀬　山本 亨
サノ・オーキッド　佐野拓也　http://www.facebook.com/sanoorchids/

多肉植物、エアプランツ、苔、蘭でつくる
はじめてのテラリウム

2016年6月27日　初版第一刷発行
2017年2月21日　　　第二刷発行

著　者　勝地末子
発行者　澤井聖一
発行所　株式会社エクスナレッジ
　　　　〒106-0032　東京都港区六本木7-2-26
　　　　〔問い合わせ先〕
　　　　編集　Tel：03-3403-6796　Fax：03-3403-1345　info@xknowledge.co.jp
　　　　販売　Tel：03-3403-1321　Fax：03-3403-1829